Gott nach Auschwitz

Dimensionen des Massenmords
am jüdischen Volk

Eugen Kogon
Johann Baptist Metz

Elie Wiesel
Lucy S. Dawidowicz
Dorothy Rabinowitz
Robert McAfee Brown

Herder Freiburg · Basel · Wien

Titel der Originalausgabe:
Dimensions of the Holocaust.
© Northwestern University Evanston, Illinois, 1977

Alle Rechte vorbehalten – Printed in Germany
© Verlag Herder Freiburg im Breisgau 1979
Herstellung: Freiburger Graphische Betriebe 1979
ISBN 3-451-18321-8

Inhalt

Einführung
in die deutsche Ausgabe

Von Eugen Kogon

Die vier Vorlesungen, die uns hier aus der Ge-
schichtsfakultät der Northwestern University in
Evanston/Illinois zur Kenntnis gebracht werden, besonders die erste und die vierte, müßten uns, in den
Zusammenhängen unserer „Vergangenheitsbewälti-
gung", den Anstoß dazu geben können, das nachzu-
holen, was sich von 1945 an bei uns nicht ereignet hat:
die radikale Umbesinnung auf Humanität hin in allem und jedem, weil Auschwitz stattgefunden hat.

Nicht, als ob sich in Deutschland seither nicht vieles und grundsätzlich geändert hätte – unsere Demokratie ist nicht Firnis. Aber läßt sich sagen, daß bei-
spielsweise das Stuttgarter Schuldbekenntnis, das im
Oktober 1945 der Rat der Evangelischen Kirche in
Deutschland, die Rückverbindung mit der Ökumene
in der übrigen Welt suchend, öffentlich abgelegt hat,
zum bleibenden, die Wirklichkeit bestimmenden Be-
standteil der Gesinnung im Protestantismus der Bundesrepublik geworden ist? Der katholische Episkopat
seinerseits hat in vergleichbarer Weise schon gar nicht
Stellung genommen – mochte jedermann sehen, wie
er, je nach Beteiligung am Nationalsozialismus sei-
nerzeit, mit dem eigenen Gewissen fertig wurde. Das
„Wirtschaftswunder" ebnete die Regungen kollekti-

ver Moral vollends ein. Die Verhandlungen über eine immerhin finanzielle Wiedergutmachung an den Staat Israel neben der individuellen an die Überlebenden aus der Verfolgungszeit wurden 1952 höchst diskret geführt, die Öffentlichkeit erfuhr kaum, daß 3,45 Milliarden Mark Zahlungen bis 1965 vereinbart wurden, man befürchtete negative Reaktionen.

Nein, Auschwitz, stellvertretend für alle Vernichtungsgreuel des Nationalsozialismus, hat bisher nicht das in uns bewirkt, was es hätte bewirken können und bewirken sollen. Trotzdem gibt es, wie sich bei mancher Gelegenheit immer wieder zeigt, in allen Gesellschaftsschichten der Bundesrepublik viele einzelne, die Sinn für ein waches Geschichts- und Humanitätsbewußtsein haben. Könnten sie es sein, die doch noch eine höhere politische Moral, als die – natürlich aufrechtzuerhaltende, notwendige – des Alltags es ist, in unsere Wohlstandsexistenz einbringen, damit wir uns den zeitwendenden Aufgaben gewachsen erweisen, die offensichtlich in der gesamten, nun planetarischen Zivilisation auf uns eindrängen?

Ein, wie mir scheint, markanter Hinweis: Im Dezember 1970 begab sich Willy Brandt, damals Bundeskanzler, anläßlich der Unterzeichnung des Vertrages, der die Verhältnisse zwischen Polen und der Bundesrepublik Deutschland in Normalisierungsbahnen lenkte, vor das Erinnerungsmal, das in Warschau an die Vernichtung des dortigen Gettos und die Tötung von 500000 Juden mahnt; der Kniefall, mit dem Brandt spontan, jedes diplomatische Reglement durchbrechend, die Politik der Entspannung in den moralischen Bereich der Trauer über das Begangene und der Ehrerbietung vor den Opfern erhob, wurde von dem Nachrichtenmagazin „Der Spiegel" die Woche darauf wie folgt kommentiert: „Wenn dieser nicht religiöse, für das Verbrechen nicht mitverantwortliche, damals nicht dabeigewesene Mann nun dennoch auf eigenes Betreiben seinen Weg durchs ehemalige Warschauer Getto nimmt und dort niederkniet, dann kniet er da also nicht um seinetwillen, dann kniet er, der das nicht nötig hat, da für alle, die es nötig haben, aber nicht da knien, weil sie es nicht wagen oder nicht können oder nicht wagen können. Dann bekennt er sich zu einer Schuld, an der er selber nicht zu tragen hat, und bittet um eine Vergebung, deren er selber nicht bedarf. Dann kniet er da für Deutschland." Staatspräsident Cyrankiewicz, selbst Häftling in Auschwitz und Mauthausen gewesen, meinte im Anschluß: „Die Deutschen werden verstehen. Und wenn es noch nicht so viele sind – in ein paar Jahren werden es mehr sein."

Es gab, dies zu erhärten, eine demoskopische Umfrage, repräsentativ für 46 Millionen Bundesbürger im Alter ab 16 Jahren. 41 Prozent von ihnen bezeichneten die Handlungsweise des Bundeskanzlers als angemessen, 48 Prozent als übertrieben; 11 Prozent enthielten sich einer Äußerung. 39 Prozent der Zustimmenden bezeichneten sich als Katholiken, 43 Prozent als evangelisch. In der Altersgliederung aber war mit 46 Prozent der Anteil der 16- bis 29jährigen und mit 47 Prozent der der 60jährigen und noch Älteren bei denen, die diese Art des Staatsaktes bejahten, größer als der Durchschnitt. Darunter blieben mit 37 Prozent die 30- bis 59jährigen; die Erfolgsdeutschen der nachnationalsozialistischen Zeit stellten mit 54 Prozent auch den höheren Anteil der Ablehnenden – gegenüber 42 Prozent der unvoreingenommenen Jüngeren und 41 Prozent derer, die das verbrecherische Regime miterlebt hatten.

Das war 1970. Steht es um uns, in dieser Beziehung, heute besser – wenn ja, in welchen Altersklassen besser? Die Frage kann vielleicht, was die jüngeren Deutschen der Bundesrepublik betrifft, bejaht werden: für viele von ihnen ist Politik, oft in mehr oder minder heftiger Opposition, ein zutiefst der Moral unterliegendes, den Rechten und der Würde des Menschen verpflichtetes Geschäft. Der zeitliche Abstand zum Nationalsozialismus erlaubt ihnen, die nicht in ihn, weder schuldhaft noch schuldlos, verstrickt waren, das unbefangenere Urteil. Ihr Interesse an dem, was war und wie es dazu kam, ist – im Zusammenhang mit den revolutionären Vorgängen in der Welt, mit dem Terrorismus, mit der Praxis, Verantwortung an den Geschehnissen von damals hartnäckig zu verdrängen oder ganz einfach zu leugnen? – seit jüngstens überraschend eine Möglichkeit neuer Orientierung.

Die vier Vorlesungen aus Amerika kommen da zur rechten Zeit. Sie behandeln das Problem am fürchterlichsten, am erschreckendsten Beispiel im ganzen Umfang: die Tatsächlichkeit, den dokumentarischen Nachweis, die Psychologie der Opfer, der Täter, der Mittäter, der „nur" Zusehenden, schließlich den Sinn.

Gibt es einen Sinn? Es ist angebracht, die Frage weit über die Politik hinaus, deren Fähigkeit zu antworten durch ihr Prinzip der Zweckmäßigkeiten begrenzt ist, bis ins Herz der Religion zu erstrecken. Eine – mehr oder weniger gut gemeinte und gelungene – Dokumentation des vergangenen Geschehens allein genügt nicht. Sachgerecht mit der Geschichte umgehen heißt nicht nur, vergangenen Ereignissen einen Namen geben, mit Anmerkungen erläutern. Es muß auch deutlich gemacht werden, daß jedes Ereignis der Vergangenheit, erst recht ein so ungeheuerliches wie „Holocaust", der versuchte Massenmord an einem Millionenvolk, Dimensionen aufweist, die weit über die bloße Existenz als historisches Faktum hinausweisen. Um die volle Wahrheit über jenen Versuch der „Endlösung" zu erfahren, genügt es nicht, die Zahl der Morde an jüdischen Menschen anzugeben. Vielmehr ist von uns die Auseinandersetzung mit diesem unmenschlichen Verbrechen im ganzen moralischen Umfang gefordert.

Die Frage nach dem Sinn führt zu der nach der Möglichkeit und nach dem Urgrund des Bösen, das sich in einem kaum vergleichbaren Ausmaß in jenem Ereignis der Massenvernichtung des Judentums manifestierte, jenem Geschehen, da sich „Gott und Mensch voller Entsetzen in die Augen starrten" (E. Wiesel). Robert McAfee Brown folgt in seinem Beitrag „Die Massenvernichtung als theologisches Problem" der unerbittlichen Nachdenklichkeit Elie Wiesels, des Autors, der das grausige Reich mit durchwandert hat.

Daß es damit aber nicht getan sein kann, nicht getan sein darf, zeigen uns die Erwägungen, die Johann Baptist Metz den „Holocaust"-Vorlesungen beigegeben hat. Aus ihnen wird ersichtlich, daß das Vertrauen in Gott – alles habe trotz allem doch sicherlich einen guten Sinn – der Umsetzung in unser praktisches Verhalten und also in die Politik bedarf. Ihr Sinn ist die Zielsetzung, die wir ihr geben: Humanität, das Optimum an Bedingungen wahren Menschseins, jeweils im erreichbaren Maß. Es ist der Zweck, den wir der Evolution setzen – die religiös Gläubigen im Einvernehmen mit Gott, auf seinen geoffenbarten, nicht durchschaubaren Schöpfungswillen hin, im Vertrauen auf ihn, begleitet von der Versuchung zur Verzweiflung – warum die schrecklichen Umwege zu „seinem Reich", das kommen soll?! –, die Ungläubigen ihrerseits aus rationaler Einsicht in den Tatbestand, daß die Humanität vertretenswerter ist als der Sozialdarwinismus.

Es ist kein durchschlagender Grund zu erkennen, daß Gläubige und Ungläubige aus Auschwitz nicht die gleiche Konsequenz ziehen sollten: alles nur Denkbare zu tun, daß nicht die geringsten Anfänge von Entwicklungen geduldet werden, die zu „Derartigem" führen können.

I. Dimensionen

Vorwort

Die Aufgabe des Historikers hat viele Gesichter: er muß die Vergangenheit in ihren Ereignissen und Vorgängen am Leben erhalten. Er soll die Überlieferung und die Erinnerung auf ihren Wahrheitsgehalt überprüfen und Vorurteile richtigstellen. Vor allem aber muß er vorwärtsblickend die Vergangenheit befragen nach ihrer Bedeutung für die Existenz und die Zukunft des Menschen.

Fast 40 Jahre sind vergangen, seit das Nazi-Regime in Deutschland mit der unerbittlichen und systematischen Ausrottung des europäischen Judentums begann. Unterdessen ist eine neue Generation herangewachsen, für welche die Berichte über jene Massenvernichtung vielleicht nicht viel mehr sind als das wehleidige Geschwafel von Stimmen, die heute schon lange begraben liegen unter den Dokumenten der Vergangenheit.

So ist es an der Zeit, jene Ereignisse neu zur Sprache zu bringen, um die Gleichgültigkeit zu bekämpfen und um zu verhindern, daß jene Geschichte vergebens war. Niemand soll sagen, diese Männer und Frauen hätten vergebens gelebt und gelitten und wären vergebens gestorben.

Doch, wie gesagt, Aufgabe des Historikers ist es auch, Berichte über die Vergangenheit zu überprüfen und sie gegebenenfalls richtigzustellen. Es wird immer wieder Menschen geben, welche aus persönlichen Gründen versuchen, geschichtliche Tatsachen zu entstellen, zu verdrehen oder gar zu verneinen. So sind jetzt auch gewisse Leute daran, den Mord am jüdischen Volk zu entschuldigen, zu verharmlosen, ja sogar ihn zu leugnen. Auf eine solche Verfälschung der geschichtlichen Fakten gibt es nur eine wirksame Antwort: wir müssen die Vergangenheit wieder wachrufen und die unverfälschte Wahrheit dokumentieren, damit sich jedermann selbst ein Urteil bilden kann.

Der richtige, verantwortungsbewußte Umgang mit den Ereignissen der Vergangenheit verlangt nicht nur nach einer sachgerechten Einordnung der Fakten. Vielmehr müssen wir stets darum bemüht sein, die vielfältigen Dimensionen aufzuweisen, die jedem historischen Geschehen eigen sind. So wäre auch noch nicht die volle Wahrheit über den versuchten Massenmord an Teilen des jüdischen Volkes gesagt, wenn nur die genaue Zahl der Opfer ermittelt würde, die damals in der konsequenten Verfolgung einer genau kalkulierten Staatspolitik begangen wurden. Wir selbst müssen uns auseinandersetzen mit diesem unmenschlichen Verbrechen, in unserem Gewissen und in unserem Bewußtsein.

E. Wiesel sagte einmal: „Die Massenvernichtung war so unglaublich, so außerordentlich, daß sie ein einmaliges Ereignis bleiben muß. Ein vergleichbares Ereignis kann es nie mehr geben!" – Diese Einmaligkeit wirft grundlegende philosophische und theologische Probleme auf: Wenn wir versuchen, für dieses Geschehen Gründe anzugeben, es einzuordnen in die Geschichte der Menschheit und es in historische Perspektiven stellen möchten, laufen wir unweigerlich Gefahr, diesen Massenmord herabzuspielen, ihn zu verharmlosen, ihn als etwas darzustellen, was so außergewöhnlich nicht ist. Ja, wenn wir für den Mord an 6 Millionen Juden Gründe anführen können, dann treffen wir nicht nur die Feststellung, daß diese Scheußlichkeiten geschehen sind, sondern wir rechnen dann auch mit der Möglichkeit, daß unter entsprechenden Bedingungen irgendeine Gesellschaft imstande sein könnte, eine ähnliche Barbarei nochmals hervorzubringen. Dann müßte die Massenvernichtung als ein durchaus mögliches Ergebnis im Rahmen der Geschichte der Menschheit verstanden werden. Und letztlich: wir müßten vielleicht eingestehen, daß dieser Mord an Millionen Menschen sogar irgendwie seinen Platz hat in der allergeheimsten Vorsehung einer allwissenden Gottheit.

Schließlich bedeutet jeder Versuch, für jene Ereignisse eine Erklärung zu finden, möge man sie nun in der Natur des Menschen oder im Willen Gottes suchen, auch das Eingeständnis, alles hätte ganz anders verlaufen können. So muß dieser Massenmord Schuldgefühle erzeugen, sowohl bei den Christen wie bei den Juden, sei es wegen des Versagens der Menschheit oder wegen der scheinbaren Gleichgültigkeit Gottes. Letztlich gibt es keine Erklärung für dieses einmalige Ereignis: es geschah, weil es geschah!

Dennoch: zu jedem Versuch einer Wissensvermittlung gehört es, zumindest ein Gefühl des Verstehens, des Begreifens eines Faktums vermitteln zu wollen, wenn schon eine echte Erklärung und Begründung nicht möglich ist. Dies gilt auch von dem Ereignis der Massenvernichtung. Wir müssen nachdenken, wie es dazu kommen konnte, wie dadurch die Existenz der Überlebenden geformt wurde, welche theologischen und philosophischen Fragen aufgeworfen wurden und wie dieses Geschehen der Vergangenheit eine bleibende Mahnung in unserer Gegenwart werden kann.

Aus diesen Gründen wurden die hier veröffentlichten Vorlesungen geplant und durchgeführt, gleichzeitig mit den Gedächtnisfeiern für den Aufstand im Warschauer Getto vor dreißig Jahren. Vier Fachleute äußern sich hier zu einem Thema, zu einem Ereignis, das zu den tragischsten, signifikantesten und vielschichtigsten in der Geschichte der westlichen Hemisphäre gehören dürfte.

Im ersten Vortrag spricht E. Wiesel – ein Verbündeter der Historiker und gleichzeitig ein kreatives Genie, das mit hoher literarischer Kunst die Vergangenheit lebendig zu machen versteht in ihren Opfern und Ängsten. Er gibt toten Ereignissen ihre Bedeutung wieder. Er steht als Zeuge dafür, daß die Worte, die Z. Kalmanovisch den Männern und Frauen im Getto von Wilna zurief, in Erfüllung gehen: „Euer Kampf für die Menschlichkeit wird eingehen in die Gedichte der Welt!" Als ein persönlich betroffener Kronzeuge der Massenvernichtung ist E. Wiesel von der Idee besessen, daß von allen Menschen ständig der Rückblick in die Vergangenheit geleistet werden müsse, damit jene Ereignisse nie in Vergessenheit geraten.

Der zweite Vortrag stammt von L. Dawidowicz. Sie befaßt sich mit den vorhandenen historischen Dokumenten über die Massenvernichtung, also mit jenem unerläßlichen Rohmaterial, auf dem alle Aussagen und Erinnerungen über die Vergangenheit gründen müssen, sollen sie der Wahrheit entsprechen. Sie zeigt vorbildlich, wie ein Historiker seine Arbeit angehen muß. Es geht ihr um eine unparteiische, genaue und kritische Untersuchung der Ereignisse und um deren Einbeziehung in eine dramatische und lebendige Gesamtheit.

D. Rabinowitz spricht von ihrer Begegnung und ihren Erfahrungen mit Überlebenden des Völkermordes. Sie berichtet von deren Versuchen, sich in ihrem „neuen Leben" zurechtzufinden und mit ihrer Vergangenheit fertig zu werden.

Im letzten Beitrag stellt sich R. McAfee Brown dem schwersten Problem: der Frage nach den moralischen und theologischen Implikationen der Massenvernichtung. Er geht jener Anfrage nach, auf die es wohl keine Antwort geben wird: wo liegt der letzte Grund dafür, daß jenes Geschehen möglich wurde in einer von Menschen verantworteten und von Gott geliebten Welt?

Uns alle verfolgt das Grauen und die Furcht, jener Massenmord könne nicht nur in Vergessenheit geraten, sondern – schlimmer noch! – er könne für uns zu einer gleichgültigen Sache werden, zu einer unerklärlichen, sinnlosen, bedeutungslosen Horrorgeschichte. Die veranstaltende Universität hofft, diese Vorlesun-

gen mögen die Tür aufstoßen für ein besseres Verstehen und Zeugnis ablegen für ein Ereignis, das nie vergessen werden darf, damit solches nie wieder
geschieht.

L. B. Smith
Dekan der Historischen Fakultät
der Northwestern University Evanston

Im August 1977

I.
Die Massenvernichtung als literarische Inspiration

Von Elie Wiesel

Ich gehöre einem Volke an, dessen Leiden so alt ist wie das Leid der Erde. Ich gehöre zu einem Volk, das die Erinnerung an das Leid wachhält, ich gehöre zu einem Volk, das sich mühte, das Leid zu mildern, es in seine Schranken zu weisen, es zu entwaffnen und es – soweit dies möglich ist –, menschenwürdig zu machen.

Mein Volk ist ein Volk der Geschichte. Wir haben Geschichte gemacht – ich möchte fast sagen, mein Volk hat die Geschichte erfunden. Kein Volk gedenkt so wie das meinige sowohl seiner Feinde wie seiner Freunde. „Zachor v'shamor b'dibur echad – Uns wurde gesagt: Erinnere dich und halte das Gedenken lebendig." Wie gleichsam die übrigen Tage geschaffen sind um des einen Sabbat-Tages willen, so möchte ich sagen, sind uns alle anderen Worte gegeben um des einen Wortes willen: Gedenke!

Zuerst einige Worte über mich selbst. Vor etwa 33 Jahren kam ein sehr junger, sehr religiöser, sehr naiver und unschuldiger Knabe in ein Reich. Es war ein verfluchtes und verdammtes Reich. Es war ein Reich der Nacht. Er sah Menschen und er sah Flammen, und er wußte noch nicht, daß beide, die Menschen und die

21

Flammen, sich begegnen würden genau vor seinen Augen.

Er und sein Vater wanderten und wanderten hinein in diese Nacht, dem Feuer entgegen. Ein Mann kam ihnen entgegen und sagte: „Wißt ihr, daß ihr bald am Ziel seid? Bald werdet ihr in den Flammen sterben." Und der junge Knabe wandte sich an seinen Vater und sagte: „Das ist doch unmöglich! Das glaube ich nicht! Das kann doch nicht sein! Schließlich leben wir in der Mitte des 20. Jahrhunderts! Die Welt wird das nicht zulassen! Sie wird dazu nicht schweigen!" Doch der Knabe bekam unrecht: die Welt schwieg. Später wurde sich der Knabe dessen gewiß, daß er, falls er überleben sollte, immer wieder diese Geschichte würde erzählen müssen. Und er hoffte, die Menschheit würde sich dann einer völligen Wandlung unterziehen. Er glaubte, in jedem Menschen müßte dann irgend etwas aufscheinen von jenem Messias, den unser Volk erwartet, einfach deshalb, weil man dieses Geschehenen gedenken würde.

Es wurde vieles von dem, was damals geschah, bekannt, doch die Menschen veränderten sich nicht. Was der Knabe sich damals nicht ausdenken konnte, was niemand sich damals vorstellen konnte, wurde wahr: eines Tages wurde dieses Geschehen einfach geleugnet! Er konnte es sich nicht ausdenken, daß er eines Tages hier stehen müßte, um zu beschwören: Doch, es war wirklich so!

Die Geschichte, die ich zu erzählen habe, handelt nicht nur von den Juden. Sie bezeugt, was meinem Volk zugefügt wurde von anderen. Wegen seines ungeheueren Ausmaßes und wegen seiner Begründung ist dieser Massenmord eine Herausforderung, und er wird es bleiben, auch für jede kommende Generation. Was immer wir auch tun, was immer wir sagen werden, es muß an diesem Hintergrund gemessen werden. Wenn ich manchmal auf bestimmte Dinge zu empfindlich reagiere, wenn ich auf manche Ereignisse vielleicht zu heftig antworte, dann auch deswegen, weil ich mich entschlossen habe, das Gedenken an jenes Geschehen lebendig zu erhalten, in einer Zeit, als es schien, mein Volk sei von der ganzen Menschheit im Stich gelassen.

Das Ereignis des Massenmordes am jüdischen Volk hat seine zentrale Stellung in unserem Leben und in der Weltgeschichte. Dies ist bisher kaum in Frage gestellt worden, es sei denn von einigen wenigen verrohten und gefühllosen Menschen, die zugleich unseren Abscheu und unser Mitleid erregen. Jenes gewaltige Geschehen lastet auf unserem Gewissen und in unserem Bewußtsein. Was immer wir tun oder lassen, wir sind bewegt von dem, was damals geschah in jenem Reich der Finsternis. Was immer wir zu erreichen oder aufzugeben hoffen, was immer wir unterdrücken oder offenbaren möchten, wir werden stets auf jenes unsichtbare Mysterium starren, wo sich Gott und Mensch voller Entsetzen in die Augen schauten. Vor diesem Hintergrund muß alles, was bisher Geltung hatte, in Frage gestellt werden. Nach Auschwitz haben die Worte ihre Unschuld verloren, nach Treblinka ist Stille gefüllt mit neuer Bedeutung, nach Majdanek hat der Wahnsinn seine mystische Anziehungskraft wieder erlangt. Des Menschen Verhältnis zu seinem Schöpfer, aber auch zur Gesellschaft, zur Politik, zur Kunst, zu den Mitmenschen und zu sich selbst muß neu in Frage gestellt werden. Jenes Geschehen beraubte den Menschen all seiner Masken.

Auf seiten der Henker war die ganze Gesellschaft vertreten: Philosophen und Psychologen, Gelehrte und Ingenieure, Staatsanwälte und Aristokraten, Künstler und Dichter, Verbrecher und Sadisten mußten ihre Kräfte vereinen, damit jene Fabriken des Todes entstehen und funktionieren konnten. Es war ein vereintes Bemühen. Die menschliche Gesellschaft war in all ihren Schichten vertreten.

Nicht anders war es auf seiten der Opfer: es wurde niemand geschont, es gab Mitleid für keinen! Jeder Jude wurde gebrandmarkt, wurde isoliert, verurteilt und hingemetzelt! Und das nicht etwa als Entgelt für eine Tat, die von den Juden zu verantworten war – nein, einfach dafür, daß man Jude war. Die Existenz der Juden war das Objekt des Vernichtungswillens. Alle Juden teilten ein gemeinsames Schicksal: alte, junge, reiche, arme, Prinzen und Bettler, Kinder samt ihren Großeltern. Jeder Jude hatte zu verschwinden von dieser Erde. Jene, die zu den Waffen griffen, um Widerstand zu leisten genauso wie jene, die nichts dergleichen im Sinne führten. Jene, die sich aufrafften zum Kampf, und jene, die im Gebet sich für das Sterben entschieden. Helden wurden zu Opfern, und in den Opfern erwuchsen Helden. Ihrer waren so viele, daß sie ein ganzes Reich bevölkerten. Aber ihr Reich war das der Nacht. Von Gott vergessen und verlassen waren sie allein, starben und kämpften sie ganz allein. Alleingelassen sahen sie sich den mächtigsten Legionen Europas gegenüber. Alleingelassen, ohne Verbündete, ohne Freunde, vollkommen verzweifelt. Und allein.

Der letzte Kommandant des Warschauer Gettos, Mordechai Anielewicz, ein junger Mann, schrieb in den letzten Tagen des Widerstandes an seinen Freund Antek Zukermann nach draußen: „Da wir spüren, daß wir an das Ende unserer Tage gekommen sind, bitte ich Dich: bewahre das Gedenken daran, wie man uns verraten hat." Ja, wir wurden verraten. Die Welt wußte und schwieg. Unsere Einsamkeit war nur zu vergleichen mit der Einsamkeit Gottes. Die ganze Menschheit ließ uns fallen. Die ganze Menschheit ließ uns leiden, ließ uns mit dem Tode ringen, ließ uns sterben. Allerdings: nicht nur unser Volk lag im Sterben: in uns allen kam etwas zu Tode.

Nun soll ich zu Ihnen sprechen über den Niederschlag, den der Massenmord am Judentum in der Literatur gefunden hat oder, mit anderen Worten, über die literarische Inspiration, die von jenem Ereignis befruchtet wurde. Eigentlich darf es eine literarische Inspiration überhaupt nicht mehr geben, nicht mehr in Verbindung mit Auschwitz. „Die Massenvernichtung als eine literarische Inspiration", das ist ein Widerspruch in sich selbst. Wie in vieler Hinsicht hebt Auschwitz auch hier sämtliche geltenden Gesetze auf, zerstört es alle Grundsätze. Jeder Versuch einer literarischen Darstellung wird jenes Erlebnis, das jetzt unserem Zugriff entzogen ist, nur verblassen und verarmen lassen. Fragen sie jemanden, der es selber erlebte, oder fragen sie dessen Kinder, sie werden es bestätigen. Er oder sie, die diese Ereignisse miterlebten, werden sie nie preisgeben. Nie völlig. Nicht wirklich. Zwischen unserem Erinnern und der Wiedergabe unserer Erinnerung steht eine Wand, die nicht durchbrochen werden kann. Die Vergangenheit gehört den Toten, und der Überlebende erkennt sich selbst nicht in den Worten, die ihn damit wieder in Verbindung bringen sollen. Wir sprechen verschlüsselt, wir Überlebenden, und unser Code kann nicht aufgebrochen, kann nicht entziffert werden, nicht durch euch, so sehr ihr euch auch darum müht. Eine Geschichte über Treblinka ist entweder keine Geschichte, oder es ist keine Geschichte über Treblinka. Eine Geschichte über Majdanek ist fast schon eine Gotteslästerung. Nein, es *ist* Gotteslästerung! Treblinka bedeutet Tod, vollkommenen Tod, Tod der Sprache, Tod der Hoffnung, Tod des Vertrauens und der Eingebung. Dieses Geheimnis ist dazu verdammt, unversehrt zu bleiben.

Wie kann man über eine Situation sprechen, welche jenseits jeder Beschreibung steht? Wie kann man eine Geschichte über die Massenvernichtung schreiben? Bevor ein Ereignis zum Gegenstand der Literatur werden kann, muß es einen möglichen Zugang zu ihm auf dem Weg der Identifikation geben. Aber wie soll ich mich mit so vielen Opfern identifizieren können? Schlimmer noch: wer kann sich schon mit den Vollstreckern dieses Massenmordes identifizieren? Wie könnte ein Opfer sagen: ,,ich'' – und damit den Platz seines Mörders einnehmen? Überdies, wie sollte jemand ohne Schuldgefühl darangehen, solche Ereignisse für literarische Zwecke zu gebrauchen? Würde das nicht heißen, daß Treblinka und Belzec, Ponar und

Babi Yar in Fantasie, in Worten, letztlich in Schönheit enden, wenn sie einfach zu einem Gegenstand der Literatur werden können?

Kann ein solches Ereignis überhaupt zum Gegenstand von Worten werden? Welche Worte wären dazu notwendig? Die Sprache wurde in einem Ausmaß verfälscht, daß sie neu erfunden und gereinigt werden müßte. Man müßte diese Literatur nicht mit Worten schreiben, sondern gegen die Worte. Oft geschah es in den letzten Jahren, daß jemand lieber weniger aussagte, als er zu sagen hatte, um das, was er sagte, nicht gleich in seinem ganzen Ausmaß unglaubhaft zu machen. Hätte jemand gleich die volle Wahrheit erzählt, man hätte ihn für verrückt gehalten. Früher schaute der Dichter in die Zukunft. Heute nicht mehr. Jetzt muß er sich an die Vergangenheit erinnern, und er weiß, daß das, was er zu sagen hat, nie erzählt werden kann. Was er zu übermitteln hofft, kann niemals mitgeteilt werden. Kein Wunder also, daß es nach dem Krieg Dichter und Schriftsteller gab, die es vorzogen, den Freitod zu wählen. Paul Celan in Paris, Beno Wertzberger in Israel, Tadeusz Borowski in Polen, Yosef Wulff in Berlin. Manche, etwa Nelly Sachs, verfielen zeitweise in geistige Umnachtung. Andere wandten sich der Science-fiction zu, oder sie hörten einfach ganz auf zu schreiben.

Im 19. Jahrhundert war es vielleicht ein Leser, der über der Lektüre eines Romans den Selbstmord wählte. In unserem Jahrhundert sind es die Schriftsteller, die sich das Leben nehmen, einfach, weil sie keine Kraft mehr in sich spüren. Wer einmal in das Reich der Nacht eingetaucht war, hat das Ende er-

reicht. Fortan gibt es für ihn nichts mehr zu entdekken. Da gibt es nichts mehr zu sagen. Da gibt es nichts
weiter zu tun. Du bleibst für immer ein Gefangener
der Nacht.

So fühlten sich Schriftsteller als überfordert und als
schuldig. Sie meinten, sie hätten etwas zu sagen.
Nein, sie hatten nichts zu sagen! Es war einfach zu
viel, zuviel für einen, der überlebte. Es war zuviel, um
einen neuen Versuch zu wagen. Man mußte ein neues
Leben erfinden für seine Personen, einen neuen
Rhythmus komponieren und ein neues Lied, vielleicht sogar ein neues Erinnerungsvermögen und ein
neues Sprachgefüge entdecken, um das Unaussprechliche auszudrücken, um Teile seines Geheimnisses
freizulegen, das von so vielen Toten eifersüchtig be-
wacht wird. Die meisten Erzähler, die meisten
Schriftsteller sind wohl diesen Weg gegangen. Sie
schrieben ihre Erzählungen, um gegen das, was ihren
Freunden, ihren Familien, ihrer eigenen Kindheit und
ihrem Volk angetan wurde, zu protestieren. Diese Literatur war gedacht als ein kraftvoller, lauter Protest
gegen die Gesellschaft mit ihrer Grausamkeit und
Gleichgültigkeit. Diese Literaten wollten nicht nur
das Morden, sondern auch dessen Vorgeschichte dar-
stellen: das friedvolle Leben der Familie, die Freuden
der Ferien, den Charme ihrer Narren und die Weisheit
ihrer Kinder. Diese Menschen schrieben ihre Erinnerungen so, als ob sie den Menschen und Orten, die
vernichtet waren, wieder zum Leben verhelfen und
beweisen wollten, daß Juden mit Worten Ruinen wieder aufbauen können. Deshalb behält das ,,Städtel", irgendein kleiner Ort in Osteuropa, eine Faszination für

sie. Was ist das „Städtel", wenn nicht das Jerusalem in der Fremde, das Jerusalem weit fort von Jerusalem? Es hat überlebt, wenn auch nur in Worten. Unzählige solcher Städte und Dörfer, wo viele Generationen von Juden ihr Exil durch Gebet und Studium der Heiligen Schriften heiligten, sind für immer vergangen, ausradiert von der Weltkarte. Das „Städtel", das kleine Reich, im Feuer errichtet und gereinigt, ist für immer dahin. Heute haben wir jüdische Städte, jüdische Hauptstädte, jüdische Siedlungen, jüdische Vorstädte, sogar jüdische militärische Basen, aber wir haben kein „Städtel" mehr, und wir werden es nie wieder haben. Mitsamt seinen Weisen und Schülern, seinen Predigern und deren Jüngern, seinen Träumern und ihren Träumen ist es verschlungen von Nacht und Rauch. Des Henkers Sieg scheint endgültig zu sein. Es ist ausgelöscht für immer. Das „Städtel" wird man nur noch finden in Liedern, in Erinnerungen, nur noch in Worten. Darum tut der Erzähler sein bestes, um es in herrlichem Licht zu präsentieren. Laßt den Henker wissen, was er zerstört hat! Was man von Jerusalem sang, gilt auch für das „Städtel". So schrieben Überlebende über ihre Vergangenheit, über das „Städtel", über die Zeit vor der Vernichtung. Aber sie beschrieben nicht die Vernichtung selbst. Darüber kann man nicht schreiben, nicht, wenn man Schriftsteller ist.

Verständlicherweise erweckt dieses Thema etwas wie eine heilige Scheu. Es sollte den Eingeweihten vorbehalten bleiben. Die größten Schriftsteller unserer Tage – Malraux, Mauriac, Faulkner, Silone, Mann und Camus – zogen es vor, sich da herauszuhalten. Dies war ihre Art und Weise, ihre Achtung den Toten und den Überlebenden zu bezeugen. Es war zugleich ihre Weise, die Unfähigkeit einzugestehen, sich mit Themen auseinanderzusetzen, bei denen es nicht so sehr auf die Fantasie ankommt als vielmehr auf das Erleben. Sie waren ehrlich genug einzusehen, daß es ihnen nicht möglich sein würde, in jenen Bereich vorzudringen, in dem die Seelen so vieler Toten, unter Bergen von Asche begraben, umgehen. So vermieden sie, etwas zu beschreiben, was sie nicht ergründen konnten.

Doch es gibt nun einmal die Zeugen und ihre Aussagen! Wenn die Griechen die Tragödie erfanden, die Römer die Sendschreiben und die Renaissance die Sonette, so hat unsere Generation eine neue Literatur erfunden: die der Dokumentation in den Aussagen der Zeugen. Wir alle waren Zeugen und müssen unser Zeugnis in die Zukunft hineintragen.

Chaim Kaplan schrieb am 16. 1. 1942 in sein Tagebuch: „Unsere ganze Nation versinkt in einem Meer von Schrecken und Grausamkeit. Ich weiß nicht, ob jemand die täglichen Ereignisse aufzeichnen kann. Die Bedingungen, die uns umgeben, fördern diese literarische Arbeit nicht. Jeder, der solche Aufzeichnungen auch nur aufbewahrt, gefährdet sein Leben. Ich spüre in mir die Größe dieser Stunde und meine Verantwortung. Innerlich ist mir bewußt, daß ich eine nationale Verpflichtung erfülle. Meine Worte sind nicht überarbeitet, augenblickliche Eindrücke formen sie. Doch vielleicht liegt darin ihr Wert. Meine Aufzeichnungen mögen als Quellenmaterial zukünftigen Geschichtsschreibern dienen.“

Er hatte unrecht. Jedermann schrieb. Emanuel Ringelblum versammelte fast einhundert „Historiker" um sich. Das einzige, was sie tun sollten, war: schreiben. In jedem Getto und in jedem Lager waren, wie sich herausstellte, „Chronisten" am Werk. Ich zitiere noch einmal aus dem Tagebuch von Chaim Kaplan vom 22. 6. 1942:

„Ich habe nicht mehr die Kraft, die Feder in meiner Hand zu halten. Ich bin zerbrochen und vernichtet. Meine Gedanken sind total verwirrt. Ich weiß nicht, wo anfangen und aufhören. Ich habe die Ereignisse im jüdischen Warschau 40 Jahre lang miterlebt, noch niemals hat es dieses Gesicht getragen. Eine ganze Gemeinde, vierhunderttausend Menschen sind verdammt zur Verbannung. Die Straßenbettler waren die ersten Deportierten. Zu Hunderten wurden sie gefangen und abtransportiert. Wohin? Niemand weiß etwas Genaues, doch jeder weiß es: in den Tod. Ihr Schreien und ihr Klagen dringt bis in den Himmel. Aber wer hört schon dieses Schreien in einer Zeit solcher Zerstörung? Ich will mich unterbrechen und zu Bett gehen, aber es wird eine schlaflose Nacht geben, denn auch ich bin vom Ausweisungsbefehl betroffen. Denkbar, daß es mir nicht vergönnt sein wird, diese Aufzeichnungen mit einer tröstlichen Note zu beenden."

31. Juli 1942, wiederum Chaim Kaplan:

„Meine Kräfte reichen nicht aus, um alles Notwendige niederzuschreiben. Vor allem mache ich mir Sorgen, ich könnte womöglich meine Kraft vergebens verbrauchen. Wenn ich gefangen genommen werde, könnten alle Anstrengungen vergebens sein. Meine größte Sorge betrifft das Versteck für meine Aufzeichnungen. Sie sollen der zukünftigen Generation erhalten bleiben. So lange mein Atem geht, will ich diese heilige Aufgabe fortführen."

4. August 1942 abends, Chaim Kaplan:

„Noch haben sie mich nicht gefangen. Noch bin ich nicht ausgewiesen aus meiner Wohnung. Noch ist mein Haus nicht beschlagnahmt. Aber nur ein Schritt trennt mich von diesem Unglück. Den ganzen Tag über halten meine Frau und ich abwechselnd Wache am Küchenfenster, das auf den Hof geht, um zu beobachten, wann die Belagerung einsetzt. Die Menschen laufen von einem Ort zum anderen, wie irre. Tausende von Menschen aus Nalevka-Zammenhof wurden aus ihren Wohnungen gejagt und zum Sammelplatz getrieben. Mehr als dreißig Menschen starben dabei. Am Nachmittag schien sich die Raserei zu legen. 13 000 Menschen waren festgenommen und abtransportiert worden, darunter 5000, die freiwillig mitgingen. Sie hatten genug vom Gettoleben, das nichts anderes bedeutet als Hunger und Todesangst. Sie entflohen der Falle. Ich wünsche, ich könnte mir erlauben, das gleiche zu tun. Was wird mit meinen Aufzeichnungen geschehen, falls mein Leben zu Ende geht?"

Am nächsten Tag ging sein Leben zu Ende. Seine Aufzeichnungen blieben wie durch ein Wunder erhalten.

So hatte jedes Getto seine „Historiker". Es gab Chronisten in jedem Lager. E. Ringelblum und Ch. Kaplan, Marshal Rolnik und Anne Frank, Rabbi Shimon Huberband und Leo Weles, Jankel Wiernik und Alexander Donath und viele andere. Alles wurde gewissenhaft notiert. Die Mitglieder des Komitees von E. Ringelblum hatten Zugang zu allen Quellen im Warschauer Getto. Rabbi Huberband durchstreifte alle Ruinen der kleineren Gemeinden in der Umgebung und brachte Berichte mit über Folter und Verfolgung und über die Verherrlichung des Namens Gottes. Der Drang, als Zeuge auszusagen, war überwältigend. „Jeder schreibt und schreibt und schreibt", notierte E. Ringelblum in seinem Tagebuch. „Rabbis und Gelehrte, Kaufleute und Schuhmacher, unbekannte Menschen, alle dienen der Geschichte als Zeugen."

Als der gefeierte Historiker Simon Dubnow mit seinen Anhängern in Riga zum Richtplatz geführt wurde, wandte er sich an seine Kameraden und beschwor sie: „Macht beide Augen auf und haltet eure Ohren offen! Haltet das Gedenken wach an jedes Wort, an jede Geste, an jeden Aufschrei, an jede Träne!" Er wurde hingerichtet, doch seine Worte blieben stehen. Irgend jemand erinnerte sich dieser Worte. E. Heimler, ein aus dem ungarischen Judentum stammender Psychiater, schrieb in den Erinnerungen über seine Kindheit: „Es gab Nachrichten von den Toten, die ich Lebenden überbringen mußte. Es gab Dinge, die ich einfach tun mußte. Worte, die ich einfach sagen mußte. Augenblicke, die ich analysieren mußte, um der Welt zu zeigen, was ich gesehen und durchlebt habe. Im Namen jener Millionen, die auch gesehen hatten, aber nur noch mit ihren toten verbrannten Körpern sprechen konnten, wollte ich eine Stimme sein."

Chronisten gab es auch unter den Sonderkommandos, den allertraurigsten der traurigen Opfer, die gezwungen waren, ihre Brüder und Schwestern zu verbrennen, bevor sie deren Schicksal teilten. Manche führten Tagebücher, die zum Teil mit unglaublicher Kraft und mit unerträglicher Eindringlichkeit geschrieben sind. Ich bin jedesmal der Verzweiflung nahe, wenn ich mich in diese Erinnerungen vertiefe. Sie beschreiben die letzten Augenblicke der schon in den Gaskammern zusammengepferchten Opfer. Sie wiederholen ihre letzten Worte. Sie tragen ihre letzten Ängste weiter. Und du selbst möchtest schreien, du möchtest heulen beim Lesen. Da liest du die Worte eines gewissen Zalman Gradowski: „Wird es mir jemals wieder möglich sein zu weinen?" Hört gut hin! Nicht – wieder zu lachen. Sondern – wieder zu weinen! Und ich sollte meinen Schmerz zurückhalten und nicht weinen?

Vieles ist hart, unmöglich fast zu lesen, geschweige denn, es laut zu lesen. Seiten dieser Tagebücher wurden in der Asche gefunden. Und ich sage mir, wenn diese Menschen den Mut und die Kraft hatten, diese Worte zu schreiben, dann müssen auch wir den verzweifelten Mut haben, sie zu lesen. Z. Gradowskis Tagebücher enthalten am Anfang die dringende Bitte an die Person, welche die Papiere finden würde, sie weiterzugeben. Wieder und wieder schreibt er: „Ich weiß es, ihr werdet mir nicht glauben. Ich weiß es, aber ihr müßt!" Nachdem er Auschwitz und die Vernichtung seiner Gemeinde, seiner Familie, seiner Kinder und seiner Frau beschrieben hat, gelangte er an den Punkt, an dem er es nicht länger ertragen konnte. Und er sagt: „Ich kann nicht mehr schreiben über diese Welt" und dann schreibt er eine zwanzig Seiten lange Ballade an den Mond.

Sein Kamerad L. Langfuss, ein rabbinischer Richter, schrieb in seinen Tagebüchern über die gläubigen Juden und ihren Todeskampf. Sein Stil ist fast biblisch: „Wir waren Zeugen der Ankunft von Transporten aus Bendin und Sosnowiec. Ein älterer Rabbi war darunter. Da sie aus Städten, die in der Nähe gelegen waren, kamen, wußten sie, was sie erwartet. Sie wußten es. Und der Rabbi betrat den Entkleidungsraum, und plötzlich begann er zu tanzen und zu singen. Ganz allein. Und die anderen sagten nichts. Und er sang und tanzte eine ganze Weile. Dann starb er für ‚kiddush ha-shem‘, für die ‚Verherrlichung des Namens Gottes‘."

Eine andere Eintragung aus dem Tagebuch von L. Langfuss:

„Und es begannen die Transporte von Ungarn einzutreffen, und zwei Juden wandten sich an ein Mitglied unseres Kommandos und fragten, ob sie ihr Sterbegebet beten sollten. Und mein Freund sagte: ‚Ja‘. Sie nahmen eine Flasche Branntwein und tranken davon, während sie sich gegenseitig ‚l'chaim‘ mit aufrichtiger Freude zuriefen. Und sie bestanden darauf, daß mein Freund auch trinken sollte, aber es war ihm peinlich, und er schämte sich.

Aber sie bedrängten weiter, zu trinken, zu trinken und „l'chaim" zu sagen, und sie sagten: ‚Du mußt leben. Du mußt Rache nehmen. Du mußt. Deshalb sagen wir alle ‚l'chaim‘ zu dir – zum Leben. Und sie fuhren fort, ‚l'chaim‘, ‚l'chaim‘ zu rufen. Und mein Freund trank mit ihnen, und er war so tief gerührt, daß er zu weinen begann. Und er lief hinab zu der Stelle, wo man die Juden verbrannte. Dort stand er viele Stunden und hörte nicht auf zu weinen, bis er rief: ‚Freunde, liebe Freunde, ihr habt genug verbrannt'! Und er stürzte sich selbst in das Flammenmeer. Nur seine Worte blieben."

Wer waren diese Menschen in den Sonderkommandos? Sie wurden gezwungen, dem Gott des Feuers zu dienen. Sie vollzogen die Verbrennung, und sie wußten, daß sie selbst bald in die Flammen geworfen wurden. Von anderen Insassen abgesondert, lebten sie in einem eigenen Bezirk. Aber auch sie schrieben. Ich werde nie verstehen, woher sie den Mut und die Kraft nahmen, ein Wort ans andere zu fügen. Aber sie taten es. Man liest ihre Berichte, und oft hält man inne, unfähig fortzufahren. Ich fand heraus, daß der Rabbi meiner Stadt diesem Kommando zugeteilt wurde. Er war jung und stark und warf sich selbst lebend in die Flammen. Manche dieser Menschen wurden geisteskrank, manche stumm, manche tief religiös. Einer begann ausgerechnet an diesem Ort des Grauens den Talmud zu studieren. Ein anderer sammelte die Texte der Psalmen. Alle schrieben. Auf welche Weise ihre Schriften gefunden und zusammengestellt wurden, ist eine eigene Geschichte.

Hier einige Sätze, die Z. Gradowski seinem Tagebuch voranstellte: „Lieber Leser! Auf diesen Seiten wirst du geschrieben finden, was wir, die unglücklichen Kinder der Erde, während der Zeit unseres Aufenthaltes in der irdischen Hölle, genannt Birkenau-Auschwitz, ertragen mußten. Ich bin sicher, der Name ist der Welt unterdessen vertraut. Aber bestimmt schenkt niemand unseren Berichten über das, was hier geschieht, Glauben. Man wird es für Propaganda halten. Aber ihr sollt erfahren, was hier geschah. Das hier ist der Ort, der vom Feind auserwählt wurde, um unser Volk und andere Völker auf grausame Weise auszurotten. Und ich will, daß wenigstens etwas von der Wahrheit die Welt erreicht und sie dazu bewegt, Rache zu nehmen für unser Leben. Dies ist der Sinn meines Lebens."

Meine Freunde, ein Wunder, ein Geheimnis ist es, daß wir diesem Willen nicht gehorchten. Jede Gemeinde, jedes Gefängnis, jede Zelle, jedes Lager hallte wider von dem einen Auftrag: Rache! Rächt uns! Rächt uns!" – Und wir taten es nicht. Z. Gradowski schrieb: „Ich habe einen Auftrag an diejenigen, die diese Seiten entdecken, einen letzten Wunsch. Es ist der Wunsch eines Mannes, der weiß, daß sein letzter Kreuzweg nahe ist. Nur das Datum steht noch nicht fest. Hier ist die Anschrift meiner Verwandten in New York. Sucht sie auf, sie werden Bescheid wissen. Sie werden euch erzählen, wer ich bin. Sie haben Bilder von mir und meiner Familie. Veröffentlicht sie zusammen mit meinen Zeugenaussagen. Ich wünsche, ich könnte mir vorstellen, daß dann irgendwo irgendwer irgendeine Träne für mich und meine Familie vergießt. Denn ich kann nicht mehr weinen. Ich ertrinke in einem Meer von Blut. Ich bin unfähig, Tränen zu vergießen, und meine Seele ist so verwundet, so verwundet..."

L. Langfuss schrieb in seinen Aufzeichnungen: „Ich wünsche, daß meine vergrabenen Notizen eines Tages gesammelt werden. Man kann sie finden in verschiedenen Töpfen im Hof und beim Krematorium II. Ein anderer Bericht ist in einem Grab, angefüllt mit Knochen, in der Nähe vom Krematorium I zu finden. Eine weitere Beschreibung liegt unter den eingeebneten Knochen auf der Südwestseite desselben Hofes. Später ergänzte ich sie und schrieb sie neu und vergrub sie gesondert unter Asche neben dem Krematorium II. Ich möchte, daß diese Schriften veröffentlicht werden. Jetzt gehen wir in die Todeszone. Wir sind 170 Männer. Wir sind das letzte Kommando. Wir werden jetzt zum Sterben abgeführt."

L. Langfuss beschreibt fürchterliche Szenen: 200 junge ungarische Juden wurden brutal geschlagen, bevor sie erschossen wurden. Abgemagerte, hungrige Juden aus Polen betteln die Mitglieder des Sonderkommandos um Brot an, bevor sie hingerichtet werden. Ein fünfjähriges Mädchen zieht ihrem einjährigen Bruder die Kleider aus. Juden aus Polen, aus Holland, Juden aus ganz Europa treffen sich in den Gaskammern. Eine junge Frau rief ihnen zu: „Wir werden hier nicht wirklich sterben. Die Geschichte unseres Volkes wird die Erinnerung an uns wachhalten. Die Geschichte unseres Volkes wird uns unsterblich machen."

Hört zu, was L. Langfuss berichtet: „Dies erlebten wir am Ende des Sommers 1943: Ein Transport von Juden aus Tarnow traf ein. Sie wollten wissen, wohin sie gebracht werden. Man sagte ihnen: ‚Zum Sterben.' Alle waren schon entkleidet. Sie waren ernst und still. Dann begannen sie ihr Glaubensbekenntnis zu sprechen. Ein junger Mann stellte sich auf die Bank und bat alle um Aufmerksamkeit: ‚Wir werden nicht sterben', rief er.

Und sie glaubten ihm und starben!

Hört zu: ‚Es war am Passah-Fest 1944. Ein Transport angesehener Juden traf aus Vittel ein, unter ihnen Moishe Friedman. Er entkleidete sich gemeinsam mit den anderen. Plötzlich näherte er sich einem Offizier, packte ihn bei den Aufschlägen seiner Uniform und rief laut: ‚Ihr gemeinen, grausamen Mörder. Glaubt nicht, daß ihr das jüdische Volk ausrotten werdet. Das jüdische Volk wird ewig leben. Aber ihr Mörder werdet von der Welt verschwinden. Der Tag der Abrechnung ist nahe. Unser Blut wird nach Vergeltung schreien!' Er sprach und niemand unterbrach ihn. Dann rief er: ‚Shema Jisrael' (Höre, oh Israel). Und alle wiederholten es: ‚Shema Jisrael'." L. Langfuss, der das beschrieb, fügte hinzu: „Etwas nahm alle Anwesenden gefangen. Dieses war außergewöhnlich. Ein großer Augenblick. Ein Augenblick, der im Leben eines Menschen nicht seinesgleichen findet."

In Treblinka gab es einen Mann namens J. Wiernik, einen Tischler. Während eines Aufstandes war es ihm gelungen zu entfliehen. Er schrieb in seiner Erinnerung: „Lieber Leser! Nur euretwegen fahre ich fort, mich an mein armseliges Leben zu klammern, obwohl es jeden Reiz für mich verloren hat. Wieder und wieder wache ich kläglich stöhnend auf, mitten in der Nacht. Wahngebilde des Todes verfolgen mich, Gespenster von Kindern, von kleinen Kindern. Nichts als Kinder. Ich habe alle geopfert, alle, die mir am nächsten standen, und alle, die mir am teuersten waren. Ich habe sie selbst zum Ort der Hinrichtung bringen müssen. Ich habe ihnen Gaskammern gebaut. Heute bin ich ein heimatloser alter Mann, ohne Dach über dem Kopf, ohne Familie, ohne Angehörige. Ich rede mit mir selbst. Ich beantworte meine eigenen Fragen. Sehe ich noch aus wie ein menschliches Wesen? Ich, der ich dem Untergang von drei Generationen beiwohnte, ich muß am Leben bleiben, um der Zukunft willen. Die Welt muß wissen, was geschehen ist!"

J. Wiernik erzählt von den Gaskammern, die er baute: „Die Maschinen der Gaskammern wurden bedient von zwei Ukrainern. Einer von ihnen, Ivan, war groß, hatte freundliche und sanfte Augen, und doch war er ein Sadist. Oft griff er uns während unserer Arbeit an, nagelte uns an den Ohren an die Wand, oder er legte uns auf den Boden, um uns brutal zu schlagen. Während er dies tat, zeigte er sadistische Befriedigung, lachte und riß Witze. Er beendete das Leben der Opfer in der Gaskammer je nach Laune. Der andere Mechaniker hieß Nicholas. An dem Tag, an dem ich zum ersten Mal sah, wie Männer und Frauen und Kinder in das Todeshaus gebracht wurden, wurde ich fast wahnsinnig. Ich raufte meine Haare und vergoß bittere Tränen der Verzweiflung. Ich litt am meisten, wenn ich die Kinder sah, von ihren Müttern begleitet oder allein, nicht ahnend, daß ihr Leben innerhalb weniger Minuten unter fürchterlichen Qualen ausgelöscht sein würde. Ihre Augen glühten vor Angst, aber vielleicht noch mehr vor Erstaunen. Mir schien, als ob die Fragen: ‚Was ist dies?‘, ‚Wofür?‘ auf ihren Lippen erstarrt waren." Das war der Gedanke, der jeden verfolgte: Weshalb? Was ist der Sinn von all dem? Weshalb? Um Himmels willen, weshalb? Warum so viele Opfer, so viele Morde? Warum läßt Gott zu, daß das geschieht? Warum lassen andere Menschen, gute

Menschen, zu, daß dies geschieht? Wo hat all das seinen Sinn? Warum werden Fabriken gebaut, zu nichts anderem gut als zum Töten?

Ihr müßt weiter zuhören, ihr müßt! Ihr müßt mehr hören. Ich wiederhole: wenn J. Wiernik den Mut zum Schreiben hatte, müßt ihr wenigstens den Mut haben zum Hören.

„Zwischen 450 und 500 Menschen wurden in Treblinka in einer Gaskammer von 4 Quadratmetern zusammengepfercht. Eltern trugen ihre Kinder in der Hoffnung, sie vor dem Tod zu retten. Auf dem Weg zu ihrem Untergang wurden sie gestoßen, mit Kolben und mit Rohren geschlagen. Hunde wurden auf sie losgelassen, die bellten, bissen und an ihnen zerrten. Es dauerte nur eine kurze Weile. Dann wurden die Türen mit lautem Schlag dicht verschlossen. 25 Minuten später waren alle tot, und sie standen leblos da; es gab keinen freien Raum, so lehnten sie aneinander. Sie schrien nicht mehr, weil ihr Lebensfaden durchschnitten war. Sie hatten keine Bedürfnisse und Wünsche mehr. Mütter hielten ihre Kinder noch fest in den Armen. Es gab keine Freunde und keine Feinde mehr. Alle waren gleich. Es gab keine Schönheit oder Häßlichkeit mehr, denn alle waren gelb vom Gas. Es gab weder Reiche noch Arme. Alle waren gleich. Und warum all das? Das ist die Frage, die ich mir unaufhörlich stelle. Mein Leben ist hart. Aber ich muß es weiterleben; um der Welt davon zu erzählen."

Ein anderes Mal schreibt er: „Plötzlich sah ich eine Frau kommen. Sie war jung und schön, aber es war ein Wahnsinnsblick in ihren Augen. Sie sagte etwas zu uns, aber wir konnten sie nicht verstehen, und es war uns nicht möglich, ihr zu helfen. Sie wickelte sich in ein Badetuch, unter dem sie ihr kleines Kind versteckte, und suchte verzweifelt nach Schutz. Da sah sie ein Deutscher, befahl ihr, in ein bereits ausgehobenes Grab zu steigen, und er erschoß sie und das Kind."

„Ich bin nicht mehr jung", sagt J. Wiernik, „und ich habe in meinem Leben vieles gesehen, aber kein Teufel könnte eine Hölle erfunden haben, die schlimmer wäre. Könnt ihr es euch vorstellen: 3000 Leiber, eben noch lebendig, brennen alle auf einmal in einem gewaltigen Feuer? Wenn man die Gesichter der Toten ansieht, könnte man meinen, sie würden gleich aufstehen und aus einem tiefen Schlaf erwachen. Aber auf ein Zeichen hin wird eine Fackel in Brand gesetzt und sie alle brennen in einer riesigen Flamme."

Weshalb haben die Deutschen das getan? Warum haben sie ihre Opfer ein zweites Mal getötet? Warum haben sie die Toten getötet? Warum haben sie die Toten verbrannt? Und warum beschreibt J. Wiernik diese Verbrennungen? Ich will ihnen sagen, warum: so wie der Mörder entschlossen war, das jüdische Erinnern auszuradieren, so kämpften seine Opfer, dieses Gedenken lebendig zu erhalten. Erst hat der Feind die Juden getötet, dann ließ er sie in Rauch und Asche aufgehen. So wurde jeder Jude zweimal umgebracht. In jedem Vernichtungslager mußten Spezialtrupps von Gefangenen die Leichen ausgraben und sie dann verbrennen.

Heute versucht man die Opfer ein drittes Mal zu töten, indem man sie ihrer Vergangenheit beraubt. Und nichts könnte niederträchtiger, boshafter sein als das. Ich wiederhole, nichts ist in meinen Augen so häßlich, so unmenschlich wie der Versuch, die toten Opfer ihres Todes zu berauben. Daher meine tiefe Überzeugung: jeder, der sich nicht aktiv und ständig mit der Erinnerung beschäftigt und andere mahnt, ist ein Helfershelfer des Mordens. Umgekehrt; wer auch immer dem Verbrechen widersteht, muß sich auf die Seite der Opfer stellen, muß ihre Berichte verbreiten, ihre Berichte über Einsamkeit und Verzweiflung, über Stille und Trotz.

In einem Zug nach Treblinka schrieb eine Frau einen Brief und vertraute ihn dem Wind an. In einem Bunker in einem polnischen Getto verfaßte ein Mädchen ein Gedicht und schrieb die Worte in den unsichtbaren Himmel. In einem Dachboden in Wilna sprach ein Weiser ganz allein den Lobpreis Gottes, und er fragte sich, ob jemand ihn hört, ob es jemanden etwas angeht. Ein Gedenken bewahren, das war alles, was sie wollten. Sie hofften nicht mehr, daß ihnen geholfen würde, sie wußten, sie waren jenseits aller Hilfe, aber sie wollten, daß ihrer gedacht würde. Ihres Namens, ihres Gesichtes, ihrer Lieder, ihrer Geheimnisse, ihres Kampfes und ihres Todes.

Es gab Fälle, wo Tausende von Männern und Frauen an einer Verschwörung teilnahmen, oft unter Selbstaufopferung, um es nur einem einzigen Boten zu ermöglichen, das Lager zu verlassen und eine Nachricht an die Außenwelt zu überbringen. Die bewaffneten Aufstände in den Gettos von Sobibor und Chelmno, in Treblinka und Birkenau verfolgten diesen Zweck. Man wollte die Außenwelt informieren, wachrütteln, anklagen; man wollte der Geschichte unseres Volkes ein neues Kapitel hinzufügen, das erschreckendste von allen.

Es ist nicht leicht, dessen zu gedenken. Es ist nicht leicht, diese Tage und Nächte wieder durchzuleben, ohne wahnsinnig zu werden. Es ist nicht leicht, bei jenen verbrannten Kindern zu sein und weiter zu leben, weiter zu beten, weiter zu singen. Es ist nicht leicht zurückzukehren zu diesen nächtlichen Prozessionen von damals. Es lag etwas Feierliches in der Weise, wie sich die Menschen dort versammelten, irgend etwas Geheimnisvolles – alle diese Männer und Frauen und Kinder, Familien und Fremde, Freunde und Verwandte. Sie alle wanderten mit demselben ruhigen starren Blick in ihren brennenden Augen. Sie weinten nicht, noch schrien sie, noch baten sie um Mitleid. Sie wanderten ruhig, ohne zurückzuschauen. Sie waren so zahlreich, daß sie die Unendlichkeit ahnen ließen. Man konnte glauben, sie würden fortfahren zu wandern, zu wandern für immer bis zum Ende der Zeit.

Als ein Jude stehe ich einem Geheimnis gegenüber, und ich kann meine Augen nicht davor verschließen. Was immer ich sehe, ich sehe es im Hinblick auf jenes Ereignis. Es wäre jedoch falsch anzunehmen, dies alles sei nur für uns Juden von Bedeutung. Alles was uns geschieht, kann der ganzen Menschheit geschehen. Man verzeihe mir, wenn ich nun etwas Hartes sage. Ich tue es nicht, um uns zu entzweien, sondern um uns enger zusammenzuschließen. Aber die Wahrheit muß gesagt werden: Wenn die *Opfer* mein Problem sind – die *Mörder* sind es nicht! Die Mörder sind das Problem anderer, nicht das meinige.

Falls ich versuchen könnte zu verstehen – aber das wird mir nie gelingen –, weshalb mein Volk zum Opfer wurde, so werden andere Leute verstehen müssen, oder den Versuch machen müssen zu verstehen, warum die Mörder Christen – sicher schlechte Christen, aber doch Christen – waren. Irgend jemand wird erklären müssen, warum so viele Mörder Intellektuelle waren, Akademiker, Hochschulprofessoren, Rechtsanwälte, Ingenieure, Ärzte, Theologen. Die Einsatzkommandos, die das Töten befahlen, wurden von Intellektuellen angeführt. Sie haben gezeigt, daß Wissen ohne Moral zerstört, daß Wissenschaft ohne ethisches Fundament zu einem Instrument der Unmenschlichkeit ausartet.

Ich weiß es selbst nicht, wer es ist, der heute vor ihnen wieder von der Vergangenheit zu sprechen begann. Hat er geträumt, oder hat er seine Träume der Angst und des Feuers wirklich erlebt? Hat er wirklich den Todeskampf der Menschheit im Tod seiner Gemeinde und seines Volkes miterlebt? Hat er wirklich den Triumph der Grausamkeit gesehen, gehört? Hat er geglaubt, das Gelächter des Henkers zu hören, oder sah er ihn wirklich, den Mörder? Sah er wirklich Mörder, die lebende Kinder in das Feuer warfen? Ich habe selten darüber gesprochen, aber es ist an der Zeit, daß ich es tun muß. Lange Zeit habe ich mich gesträubt, diese Geschichte als die meinige anzunehmen. Jahrelang wollte ich mich an den Glauben klammern, dies alles könne doch nur ein Traum gewesen sein, ein böser Alptraum. Ich will nicht diese Kinder im Feuer gesehen haben! Nein, ich will nicht!

Aber es war kein Traum. Wirklichkeit war es: Jüdische Kinder, lebende jüdische Kinder wurden in das Feuer geworfen, um Geld zu sparen, denn das Gas war ja so teuer! Was sollen wir Überlebenden mit diesem Wissen, mit dieser Wahrheit, die wir von dort mitbrachten?

In uns allen, die wir in jener Hölle waren, lebte nur eine Angst: die, der Letzte zu sein. Der letzte Bote, der letzte Zeuge, der letzte, der noch am Leben war. Würde auch er, würden auch wir noch sterben, dann hätte der Feind endgültig den Sieg davongetragen: nichts von dem, was dort geschah, wäre bekannt geworden, nichts von meinem Volk wäre geblieben.

Ich habe diese besessene Angst beschrieben in einem meiner Romane. Eine zentrale Figur ist der letzte Überlebende, jener der nicht sterben kann. Seine ganze Gemeinde ist ausgerottet. Nur der junge Student Jeshiva ist noch am Leben. Und der Mörder schießt, er feuert sein Gewehr auf ihn ab, feuert die ganze Ladung in ihn hinein. Aber der Knabe kann nicht sterben. Da gerät der Offizier in Wut und schreit ihn an: „Du denkst, du wirst glücklich sein? Das wirst du nicht! Du wirst mich für die Nachsicht verfluchen, denn du wirst der Letzte sein! Du denkst, du weißt die Wahrheit, aber deine Wahrheit ist die eines Irren."

Laßt mich zum Anfang zurückkehren. Wenn wir gewissen Leuten Glauben schenken wollten, hat die Massenvernichtung überhaupt nicht stattgefunden. Die Mörder haben nicht getötet, die Opfer kamen nicht um. Auschwitz war Betrug. Treblinka eine Lüge, Bergen-Belsen ein Erholungsheim. Was soll man solchen Leuten sagen? Und warum haben nicht mehr Menschen ihr Wissen frei ausgesprochen? Einige der

Überlebenden und viele der Mörder sind noch in unserer Mitte. Heute verstehe ich, weshalb die Angeklagten, Mörder von Auschwitz, während einer Frankfurter Gerichtsverhandlung Tag um Tag lachend in den Gerichtssaal kamen – lachend! Sie wußten warum! Ihr Gettokämpfer von Warschau, ihr habt dem Tod eurer Familie nicht beigewohnt! Ihr Überlebenden von Sobibor und Polnaz, ihr habt eure Eltern nicht in den Flammen verloren. Majdanek und Janowska und Chelmno waren keine Orte, in denen ganze Gemeinden zu Asche verwandelt wurden. E. Ringelblum und Ch. Kaplan schrieben nichts. J. Wierniks Bericht bedeutet nichts. Die Nürnberger Kriegsgerichtsprozesse, die Einsatz-Kommando-Prozesse, die Frankfurter Prozesse haben überhaupt nicht stattgefunden. Höss war irgendein Offizier und Eichmann irgendein Bürokrat. Einen Aufstand hat es in Treblinka nie gegeben, und die Auslese der Todgeweihten in Birkenau hat nie stattgefunden.

Aber dann könnte jemand fragen, wohin sind diese Menschen verschwunden? Wo sind die drei Millionen polnischer Juden geblieben? Wo ist die eine Million ungarischer Juden geblieben? Was geschah mit den Juden meiner Stadt? Was geschah mit den Juden anderer Städte und Dörfer in Ungarn, Estland, Litauen, Griechenland, Holland, der Ukraine? Wo sind mehr als eine Million jüdischer Kinder geblieben? Wo haben sie sich versteckt? Wenn es die Massenvernichtung nie gab, wohin sind sie dann verschwunden? Unter euch Zuhörern gibt es vielleicht Überlebende. Denkt über diese Frage nach! Denn bald werdet ihr sie beantworten müssen. Bald müßt ihr verantworten, was ihr

gesagt habt. Ihr werdet verantwortlich gemacht, nicht
für die Massenvernichtung, aber dafür, daß ihr die
Massenvernichtung erdichtet habt!

Schamlos ist er, dieser Versuch, die Opfer ihres Ge-
denkens zu berauben. Aber es ist nicht neu. Das Tagebuch der Anne Frank wurde als Fälschung bezeichnet – kürzlich erst von einem Botschafter bei den
Vereinten Nationen. Ein gefeierter europäischer Büh-
nenschriftsteller schrieb ein Stück über die Ausch-
witzprozesse, und er brachte es fertig, darin das Wort
„Jude" nicht einmal zu erwähnen, nicht ein einziges
Mal! Sie werden kein Denkmal für die jüdischen Opfer finden in Baby Yar. Sie werden keines finden in
Auschwitz. Ein ehemaliger SS-Richter schrieb in
Deutschland: „Nicht ein einziger Jude ist in Auschwitz getötet worden. Ich war dort als Richter der SS.
Sicher gab es dort Schornsteine, aber es waren Schornsteine von Bäckereien." Ein Wortführer nationalisti-
scher Bestrebungen in Deutschland sagte kürzlich auf
einer Versammlung, die Massenvernichtung sei *die*
Lüge, *der* Schwindel des Jahrhunderts!.

Ich bekenne, ich weiß nicht, wie ich mich mit dieser Situation zurechtfinden soll. Müssen wir wirklich
diese Beschuldigungen erörtern? Ist es nicht unter unserer Würde, unter der Würde unserer Toten, diese
Lügen zu widerlegen? Andererseits aber: Schweigen
ist keine Antwort, Schweigen war nie eine Antwort!
Und deshalb müssen wir bezeugen, was geschehen ist!
Was sollten die Angehörigen mit ihren Erinnerungen
anfangen? Gewiß würden sie lieber von anderen Dingen sprechen. Aber wer würde dann noch protestieren
gegen die unlängst unternommenen Versuche, diese

Opfer noch einmal zu töten: es gab kein Treblinka, es gab kein Buchenwald! Wir waren nicht dort! – Ich weiß nicht, wie ich auf all das reagieren soll. Ich kann nur erzählen, was ein Überlebender fühlt. Es ist mehr als Traurigkeit, es ist Bestürzung. Mehr als Bestürzung, es ist Verzweiflung. Und mehr noch, ich empfinde Abscheu.

Zum Schluß eine chassidische Geschichte: Es begab sich, daß ein Reisender seinen Weg im Wald verlor. Er wanderte und wanderte Tag und Nacht, ganz allein, voller Furcht und Müdigkeit. Plötzlich sah er ein Schloß, und er war außer sich vor Freude. Dann sah er, daß das Schloß brannte. Und er war voll Traurigkeit. Es muß wohl ein leeres Schloß sein, dachte der Wanderer. Doch dann hörte er eine Stimme rufen: „Helft mir, helft mir! Ich bin der Besitzer des Schlosses." Und der Rabbi von Kotsk, der diese Erzählung wiedergab, schlug mit seiner Faust auf den Tisch und rief: „Das Schloß steht in Flammen, der Wanderer ist verloren, der Wald brennt, aber der Besitzer ruft um Hilfe. Was heißt das alles? Es heißt doch, daß es einen Besitzer gibt." Auf uns bezogen, möchte ich die Geschichte frei nachsprechen und sagen: „Das Schloß steht in Flammen, der Wanderer ist verloren, der Wald brennt, die ganze Welt brennt, und wir sind noch drinnen, mitten im Feuer des brennenden Schlosses."

Zum Autor dieses Beitrags:
Durch seine Bücher und seine Vorträge wurde E. Wiesel zu einem der herausragenden Sprecher des Judentums in den Vereinigten Staaten und in weiten Gebieten der Welt. Unter seinen zahlreichen bekannten Veröffentlichungen sei hingewiesen

auf: „Der Schwur von Kolvillág", „Der Bettler von Jerusalem"
und „Seelen im Feuer".

E. Wiesel wurde in Siebenbürgen geboren. Er war noch ein
kleiner Junge, als er der Reihe nach in die Konzentrationslager
Birkenau, Auschwitz, Monowitz und Buchenwald verbracht
wurde. Nach seiner Befreiung durch die amerikanische Armee
studierte er an der Sorbonne in Paris. Dort arbeitete er als Jour-
nalist und als Schriftsteller bis zu seiner Auswanderung in die
Vereinigten Staaten (1956). Als Professor an der University of
Boston gewann E. Wiesel zahlreiche literarische Preise in
Frankreich und in den Vereinigten Staaten. Hohe Auszeichnungen erhielt er unter anderem von der theologischen Abtei-
lung der Yeshiva University, vom Hebrew Union College, von
der Boston University und von der Bar-Ilan University in Israel.

2.

Die Massenvernichtung
als historisches Dokument

Von Lucy Dawidowicz

Am 4. Oktober 1943 sprach Heinrich Himmler, Reichsführer der SS und damit Leiter der gefürchtetsten Polizeitruppe Europas, in Poznán vor einer Versammlung hoher SS-Offiziere. Dies war zu einer Zeit, als Deutschland unter ernstem militärischem Druck stand und von den Russen unerbittlich zum Rückzug gedrängt wurde, zu einem Zeitpunkt, als der anglo-amerikanische Bombenkrieg die deutsche Kriegsindustrie lähmte und die Alliierten ihre Übermacht zu Land und in der Luft unumstritten gefestigt hatten. Heinrich Himmler wollte mit seinem Vortrag die Moral der SS-Offiziere aufrichten. Er redete langatmig über seinen geliebten Führer, über die Erhabenheit der SS, über die Größe der deutschen Kultur und die Reinheit des deutschen Blutes. Und er sprach über den Mord an den Juden, damals, als bereits Millionen Juden getötet waren.

H. Himmler sagte: „Ich möchte hier vor Ihnen in aller Offenheit auf eine sehr ernste Angelegenheit zu sprechen kommen. Unter uns soll es einmal ganz freimütig gesagt sein, aber in der Öffentlichkeit brauchen Sie darüber nicht zu sprechen. Ich beziehe mich auf die Aussiedlung der Juden, auf die Ausrottung des Judentums. Die meisten von Ihnen werden erlebt haben,

51

was es heißt, hundert Leichen nebeneinander liegen gesehen zu haben. Oder auch fünfhundert oder auch tausend Leichen nebeneinander. Dies verkraftet zu haben und unsere Anständigkeit dabei bewahrt zu haben, das ist es, was uns hart gemacht hat. In unserer Geschichte ist es ein Ruhmesblatt, wie es noch nie geschrieben wurde und niemals geschrieben werden wird."

Der Wortlaut dieser Rede Heinrich Himmlers landete schließlich in SS-Archiven. Diese fielen zusammen mit zahllosen anderen offiziellen Dokumenten der deutschen Diktatur 1945 in die Hände der Alliierten. Die westlichen Alliierten kamen überein, sämtliche deutsche Dokumente allen Gelehrten zur Verfügung zu stellen. Niemals zuvor hatten Historiker einen vollständigeren und ungehinderteren Zugang zu amtlichen Staatsurkunden.

Diese erbeuteten Unterlagen umfaßten die Akten der Reichsregierung und der örtlichen Regierungsstellen, ebenso die Archive des Oberkommandos der Wehrmacht und der verschiedenen militärischen Einheiten sowie das Archiv der Nationalsozialistischen Deutschen Arbeiterpartei (NSDAP). Nach dem Krieg wurden alle Unterlagen in die Vereinigten Staaten gebracht und in einem Depot in Alexandria geordnet und auf Mikrofilm aufgenommen. Unterdessen wurden sie der deutschen Bundesregierung zurückerstattet. 67 Bände über die in Alexandria auf Mikrofilm aufgenommenen deutschen Urkunden mit einem Umfang von 7500 Seiten wurden unterdessen veröffentlicht. Im Durchschnitt umfaßt jede Seite eines Bandes etwa 2000 Aufnahmen, was bedeutet, daß die erbeuteten deutschen Unterlagen, die nunmehr auf Mikrofilm vom Nationalarchiv zu beziehen sind, etwa 15 Millionen Seiten umfassen. Diese gesammelten Urkunden wurden zunächst im Blick auf die bevorstehenden Kriegsverbrecherprozesse ausgewertet und geordnet. Allein in den Vereinigten Staaten wurden 40000 Dokumente als auswertbar eingestuft und für die Verfahren gegen die 22 Hauptkriegsverbrecher vom Internationalen Militärgericht in Nürnberg ausgewertet. Dazu kamen die erbeuteten Archive, die in Großbritannien, Frankreich und der Sowjetunion aufbewahrt wurden.

Die Dokumentation der Gerichtsverhandlungen und des Beweismaterials wurde veröffentlicht in einer Reihe von 42 Bänden, bekannt geworden als die „Blaue Reihe" (Blue Series). In den Vereinigten Staaten wurden außerdem auch Unterlagen, die nicht zur Beweisführung eingesetzt wurden, veröffentlicht. Diese Reihe von acht Bänden bildet die sogenannte „Rote Reihe" (Red Series). Daneben gibt es die „Grüne Reihe" (Green Series), eine Sammlung von 15 Bänden mit ausgewählten Aktenunterlagen über medizinische Verbrechen, über die von den Einsatzkommandos verübten Morde, über die Mitschuld der Staatsministerien und der bewaffneten Einheiten an Kriegsverbrechen und über die Beteiligung von Wirtschaftsführern an Ausbeutung und Sklavenarbeit.

Niemand kann abschätzen, wie viele dieser erbeuteten Unterlagen sich auf die Juden und ihre Verfolgung beziehen. Doch allein von den Dokumenten, die in den Nürnberger Kriegsverbrecherprozessen vorgelegt wurden, haben 3000 mit den Juden zu tun, mit ihrer Verfolgung, ihrer Enteignung und ihrer Ausrottung.

Neben diesen amtlichen Unterlagen der Reichsbehörden und der NSDAP-Dienststellen gibt es eine zweite Gruppe von Dokumenten über die Massenvernichtung: die Aufzeichnungen der Juden selbst. Naturgemäß sind sie in ihrem Umfang und in ihrer Wesensart völlig verschieden von den erbeuteten Dokumenten. Das europäische Judentum hatte keine Regierung und keine Staatsarchive. Unter der deutschen Besatzung führten selbst die Judenräte, die einzigen offiziellen Einrichtungen der Gettos, ihre Akten mit Vorsicht und Umsicht: nicht alles durfte angesichts der deutschen Besatzung zu Papier gebracht werden. Nichtsdestoweniger waren die Juden in den Gettos fest entschlossen, ihrer Nachwelt eine dokumentarische Aufzeichnung zu hinterlassen, auch wenn sie selbst nicht mit dem Überleben rechnen konnten.

In einem gemeinsamen Bemühen, das wohl einmalig in der Geschichte dasteht, sorgten die osteuropäischen Juden für eine Dokumentation ihrer Leiden und ihres Sterbens. Obwohl die bloße Existenz solcher Aufzeichnungen sowohl den Verfasser wie den Boten und den Archivar in Lebensgefahr brachte, hat viel Material die Verwüstung des Krieges überlebt. Die Juden in den Gettos vergruben ihre Aufzeichnungen, versteckten sie an geschützten Orten oder übergaben sie vertrauenswürdigen Nichtjuden zur Aufbewahrung. Das berühmteste dieser jüdischen Gemeindearchive war „Oneg shabat" („Die Lust am Sabbat"). Dies war der Codename, den der jüdische Geschichtsschreiber Emanuel Ringelblum seiner Arbeitsgruppe gab, die Dokumente über die Behandlung der Juden unter der deutschen Besatzung sammelte und über die schrecklichen Vorgänge, welche die gesamte jüdische Bevölkerung in Polen betraf.

Schon im Oktober 1939, in den ersten Wochen der deutschen Besatzung in Warschau, begann E. Ringelblum täglich Notizen über die Vorgänge zu machen. Eine Selbsthilfe-Wohltätigkeitsorganisation bot ihm den Vorwand, sich Auskünfte von Freunden und Bekannten geben zu lassen. Ortsbewohner berichteten von der Entwicklung in Warschau und Besucher von den Ereignissen in den umliegenden Gebieten. Flüchtlinge und Delegationen aus allen Städten Polens kamen mit der Bitte um Hilfe für ihre entwurzelnden Gemeinden zu ihm. Sie alle brachten Augenzeugenberichte mit über das, was ihnen zugestoßen war. Seit Mai 1940 sammelte E. Ringelblum eine Gruppe Gleichgesinnter um sich, die sich an diesem Unternehmen der Dokumentation beteiligen wollte. Da diese Gruppe sich regelmäßig an Sonnabenden traf, wählte sie „Oneg Shabat" als Decknamen für ihre Aktivitäten. Generalsekretär der Vereinigung war H. Wasser, ein Flüchtling aus Łódź, dessen Beteiligung an Wohltätigkeitsveranstaltungen ihm die Möglichkeit gab, mit Hunderten von Flüchtlingen und ausgewiesenen Juden aus ganz Polen in Verbindung zu treten. Er sammelte in großem Umfang Aufzeichnungen über den Einfluß des Krieges und der deutschen Besatzung auf polnische Judendörfer und Städte.

Nach dem November 1940, als die Juden in ihrem Warschauer Getto eingesperrt waren, wurde die lükkenlose, sorgfältige Dokumentation weiter ausgebaut. Das Sammeln und Schreiben solcher Aufzeichnungen war in den Augen der deutschen Besatzungsmacht eine verbrecherische Handlung, auf der die Todesstrafe stand. Doch die Hoffnung, alle diese Unterlagen einmal gegen die Deutschen auswerten zu können, hielt das Unternehmen am Leben. Alles wurde gesammelt: Dokumente der deutschen Schreckensherrschaft, Schilderungen der wirtschaftlichen Zustände, Darstellungen über die Beschäftigungen der Juden, Beschreibung der Zwangsarbeitslager, Erfahrungen aus Gefängnissen und Konzentrationslagern, Mitteilungen über das religiöse Leben und die Gettofolklore, Gedichte, Witze, Verwünschungen und Sprüche, alles dies fiel in den Bereich des „Oneg shabat". Amtliche deutsche, polnische und jüdische Dokumente wurden gesammelt, vor allem aber Tausende von Briefen, die aus allen Gebieten Polens nach Warschau kamen. Alles das wurde zu einer unersetzlichen Quelle über das Leben der jüdischen Gemeinden in damaliger Zeit.

Vor allem aber wurden die Juden in den Gettos dazu angehalten, selbst Tagebuch zu führen und die täglichen Ereignisse ihres Lebens zu notieren. Um möglichst viele Juden zur Führung eines Tagebuchs anzuregen, veranstaltete „Oneg shabat" unter dem Deckmantel der örtlichen Wohltätigkeitsorganisation sogar Wettbewerbe, in denen die Sieger mit Geldpreisen ausgezeichnet wurden. Ein Mitarbeiter von „Oneg shabat" schrieb damals:

„Ich betrachte es als eine heilige Aufgabe, und zwar für jedermann, ganz gleich ob er die Fähigkeit besitzt oder nicht, alles niederzuschreiben, was er selbst gesehen oder was ihm Augenzeugen über die Abscheulichkeiten zugetragen haben, welche die Barbaren in jeder jüdischen Stadt begingen. Wenn die Zeit da ist, und sie wird kommen, soll die Welt lesen und zur Kenntnis nehmen, was diese Mörder getan haben. Dies wird das reichhaltige Material sein für den Trauernden, wenn er sein Klagelied für die Gegenwart schreibt. Dies wird der gewaltige Stoff für den Rächer sein ... Wir sind verpflichtet, unserem Volk beizustehen und zu helfen, selbst wenn wir mit unserem eigenen, heute recht wertlosen Leben zahlen müssen."

Ein 19jähriger Junge beschrieb seine Gefühle beim Verstecken der Archivunterlagen, in den Tagen, als die Massentransporte vom Warschauer Getto zum Vernichtungslager Treblinka einsetzten:

„Meine Arbeit war eigentlich einfach. Sie bestand im Verpacken und Verstecken des Materials ... Sicherlich war es eine gefährliche Aufgabe, aber sie war der Mühe wert. Bei dieser Beschäftigung pflegten wir zu sagen: Jetzt können wir in Frieden sterben. Wir haben unser Erbe hinterlassen und in Sicherheit gebracht. Ich beanspruche keinen Dank. Es genügt mir, wenn die zukünftige Generation unserer Zeit gedenkt. Wir haben unsere Pflicht getan. Wir haben uns nicht vor dem Risiko gefürchtet. Wir glauben, daß wir ein Kapitel unserer Geschichte geschrieben haben. Dies ist wichtiger als das eine oder andere Leben. Ich weiß mit Sicherheit, daß dies die treibende Kraft in unserem Leben war. Was wir nicht in die Welt hinausschreien konnten, das haben wir vergraben in die Erde. Möge dieser Schatz in gute Hände geraten, möge er bessere Zeiten sehen, möge er die Welt aufmerksam machen auf das, was hier im 20. Jahrhundert sich ereignet hat." Nach dem Krieg wurden große Teile dieses von „Oneg shabat" gesammelten Materials aufgefunden und ausgewertet.

Nach dem Muster von „Oneg shabat" arbeitete auch eine Gruppe von Chronisten im Getto von Białystok. Dieses Team war von Mordeca Tenenbaum gegründet worden, der im Jahre 1942 aus Warschau nach Białystok gekommen war, um dort die Widerstandsbewegung zu organisieren. Seine Sammlung enthielt die meisten Protokolle, Verlautbarungen, Berichte und andere offizielle Dokumente des Judenrates und seiner Institutionen. Es wurden auch gemeinsame Anstrengungen unternommen, um Berichte von Augenzeugen, Artikel über den Krieg, Dokumente über die russische Besetzung und die darauffolgende deutsche Invasion zu sammeln. Als im Frühjahr 1943 die weitere Existenz des Gettos in Frage gestellt war, wurden drei Metallkästen angefertigt, mit Dokumenten gefüllt und hermetisch verschlossen, um sie vor dem Verfall zu schützen. Danach wurden diese Kästen heimlich aus dem Getto befördert und vergraben. Auch sie wurden nach dem Krieg wieder aufgefunden.

In ähnlicher Weise verschwor sich im Getto von Wilna eine Gruppe von Schriftstellern und Intellektuellen, sowohl ein Archiv offizieller jüdischer Dokumente zusammenzustellen als auch die Leute dazu anzuhalten, selbst Tagebuch zu führen. Es gelang ihnen sogar, Manuskripte und Bücher mit Seltenheitswert, welche die Deutschen beschlagnahmt hatten, aus dem berühmten jüdischen wissenschaftlichen Institut zu entwenden. All dieses Material wurde zuerst vor den Deutschen, dann, nach deren Abzug, vor den sowjetischen Behörden versteckt. Schließlich gelang es zwei jüdischen Schriftstellern, die das ganze Unternehmen organisiert hatten, ca. 700 Dokumente aus dem Getto über geheime Kanäle nach New York schaffen zu lassen.

Das außergewöhnlichste Archiv, das es jemals gab, war in Auschwitz vergraben. Es bestand aus Notizen von Augenzeugen, von Mitgliedern der sogenannten „Sonderkommandos", jenen Arbeitsgruppen jüdischer Gefangener also, die ihre eigenen Landsleute in den Gasöfen verbrennen mußten, um selbst später den gleichen Tod zu erleiden. Ihre Aufgabe war es auch, die Toten aus den Gaskammern zu entfernen und sie zu begraben. Im vollen Bewußtsein dessen, daß sie selbst diese Situation nicht überleben würden, zeichneten sie ihre Berichte über die Ereignisse auf. Sie vergruben sie in der Asche, die den Boden um die Krematorien von Auschwitz bedeckte. Nach dem Krieg wurden sie – meist in schlechtem Zustand – aufgefunden. Viele waren kaum noch zu entziffern.

Ein Dokument begann mit den Worten: „Lieber Freund, suche alles hier ab, jeden Zoll des Erdbodens. Dutzende von Dokumenten sind in ihm vergraben, meine eigenen und die von vielen anderen. Sie werden ein Licht werfen auf das, was hier geschah. Auch viele Zähne sind hier vergraben. Wir, die Kommandos, haben sie absichtlich über den ganzen Erdboden verstreut, so viele wie möglich, damit die Welt auch körperliche Spuren von den Millionen Menschen finden wird, die hier getötet wurden. Wir selbst haben alle Hoffnung aufgegeben, den Augenblick der Befreiung zu erleben."

Die meisten dieser Aufzeichnungen, die in der Erde Polens vergraben und später wiedergefunden wurden, brachte man in das Zentralarchiv des Jüdisch-Historischen Instituts für die Massenvernichtung in Warschau. Obwohl dieses Material ausländischen Gelehrten nicht ohne weiteres zugänglich ist, wurde vieles kopiert und zusammen mit anderen Urkunden in die Archive der Yad Vashem, der Behörde für das Gedenken der Märtyrer und Helden, in Jerusalem und in die Archive des Yivo-Institutes für jüdische Forschung in New York gebracht.

Diese Dokumente, sowohl die jüdischen Aufzeichnungen wie die Materialien aus den deutschen Archiven bilden das Rohmaterial, aus dem Gelehrte in aller Welt die Vorgänge in der Nazizeit zu rekonstruieren versuchen. Die Sekundärliteratur über jene ereignisvollen zwölf Jahre des „tausendjährigen deutschen Reiches" ist in einem ungeheuren Ausmaß angewachsen. Aber es ist vor allem der Aufstieg und der Verfall der deutschen Diktatur und besonders das Geschick des deutschen Diktators von damals, was die Gelehrten und die Öffentlichkeit fasziniert. Die Geschichte der Massenvernichtung jedoch, die Ausrottung von 6 Millionen europäischer Juden durch diese Diktatur nimmt einen relativ kleinen Platz ein in der modernen Geschichtswissenschaft. Sicher bemühen sich die deutschen Historiker, ich spreche hier von der Generation, die nach dem Zweiten Weltkrieg heranwuchs, um moralische Geradlinigkeit, und sie sind befaßt mit dem Versuch, die nationale Vergangenheit, die Geschichte ihrer Vorfahren und ihres Volkes aufzuhellen. Andererseits haben jüdische Gelehrte versucht, die Geschichte der Naziverfolgung in den Rahmen der tausendjährigen jüdischen Geschichte einzubeziehen, in der sich Verfolgung und Leiden unerbittlich wiederholen.

In den Vereinigten Staaten hat es dagegen den Anschein, als ob die Massenvernichtung als ein Thema der Forschung und des Studiums weitgehend sogar von jüdischen Gelehrten abgelehnt werde. Man tut so, als sei dies eine Angelegenheit von nur beschränktem Interesse, selbst für die jüdische Gemeinde. Schließlich scheint ja die Massenvernichtung keine sichtbare Wirkung hinterlassen zu haben, keine greifbaren Ergebnisse, ausgenommen die schrecklichen Wirkungen auf die betroffenen Juden selbst. Eine tausendjährige Geschichte gipfelt in der Abschlachtung von 6 Millionen Juden. Die osteuropäischen Urquellen jüdischer Schöpferkraft, die im Laufe von Generationen den jüdischen Gemeinschaften in der ganzen Welt zum Leben verholfen haben, sind versiegt. Die Massenvernichtung änderte den Verlauf der jüdischen Geschichte. 6 Millionen Juden waren der Preis für die politische Selbständigkeit eines neuen israelitischen Staates, durch den sich die Lage der Juden als Volk grundlegend gewandelt hat.

Doch die jüdische Perspektive, die Welt zu sehen, ist nicht typisch. Rosa Luxemburg, selbst Jüdin, schrieb einmal einem Freund: „Warum wartest Du immer nur mit Deinem speziellen jüdischen Leiden auf? Mir tun die armseligen indianischen Opfer in Putamayo oder die Neger in Afrika nicht weniger leid!" Sicherlich hat die erste Konfrontation mit dem Mord an 6 Millionen die ganze Welt erschüttert und schokkiert, nicht nur die Juden. Doch der Schock des Zuschauers, des Außenstehenden, hat sich erschöpft.

Die Historiker argumentieren heute bereits, daß es andere Ereignisse dieses Jahrhunderts gebe, die zweifelsohne viel bemerkenswerter sind, so die russische Revolution, der Aufstieg Rotchinas zur Weltmacht, das Aufkommen der Dritten Welt, die wunderbaren und zugleich furchterregenden Errungenschaften moderner Wissenschaft und Technologie. Dennoch hat die Massenvernichtung, wenn auch vielleicht unbemerkt, den Verlauf der westlichen Zivilisation zutiefst beeinflußt.

Die Frage bleibt jedoch, warum die Geschichte des Judentums und die Geschichte jenes Versuches, das jüdische Volk auszurotten, so wenig Platz findet in den Geschichtsbüchern der Gegenwart. Drei Gründe können m. E. dafür verantwortlich gemacht werden: einmal die generelle Einstellung vieler Historiker gegenüber den Juden, dann deren Auffassung über das Verhältnis von Menschheitsgeschichte und Geschichtsschreibung und letztlich auch die Einstellung vieler Historiker zu Deutschland und den Deutschen.

Die „egozentrische Zwangsläufigkeit", ein Begriff, den der Philosoph R. Barton gebraucht, um die Unfähigkeit der Menschen zu beschreiben, die Welt anders als jeweils nur mit den eigenen Augen zu sehen, mag als die nachsichtigste Erklärung dafür hingenommen werden, daß Juden, Judentum und jüdische Kultur so wenig Platz finden in der modernen Geschichtsschreibung. Juden gehören einfach zu einer Minderheit, und Geschichte, Weltgeschichte, ist von der Mehrheit über die Mehrheit für eine Mehrheit geschrieben. G. Langmuir dürfte der erste sein, der den Begriff „Geschichte der Mehrheiten" geprägt hat, und zwar in einer scharfsinnigen Studie über die Behandlung und Mißhandlung der Juden in der nachbiblischen Geschichte Europas.

Der Aufstieg der christlichen Kirche und ihr nachfolgender Triumph über das Judentum verdrängten dieses aus der Geschichtsschreibung. Die gesamte jüdische Vergangenheit wurde von nun an geschrieben unter dem Aspekt der christlichen Lehre. Jahrhundertelang wurde das Bild und die Existenz der Juden von dieser Lehre geprägt. Während der Vormachtstellung der christlichen Kirche im mittelalterlichen Europa blieben die Juden Außenseiter, manchmal toleriert, öfters verfolgt, nicht für nötig erachtet, in die christliche Gesellschaft integriert zu werden.

Auch mit dem Aufstieg der Nationalstaaten blieben die Juden Außenseiter, teils geduldet, häufiger auch verfolgt, da sie als Fremdkörper für das sich entwickelnde Nationalbewußtsein betrachtet wurden. Da die Autoren der Geschichtsbücher weitgehend Handlanger der jeweiligen Staaten waren, für die sie Gültigkeit erlangen wollten, ist es nicht verwunderlich, wenn der jüdischen Geschichte so wenig Beachtung zuteil wurde und wenn die Anwesenheit der Juden in der Welt von Historikern oft einfach übergangen wird.

Ein zweiter Faktor für die mangelnde Beachtung der Geschichte des Judentums dürfte im Hang des Historikers zum Einsichtigen, zum Rationalen begründet sein. Er beschreibt den Verfall von Nationen und Zivilisationen, er analysiert die politischen Ereignisse, die wirtschaftlichen Entwicklungen, die sozialen Entscheidungen, Geschichte, besser gesagt Geschichtsschreibung, ist ein rationales Unterfangen, welches nach dem Sinn und nach dem Zweck der Ereignisse forscht. Historiker sind jedoch im allgemeinen nicht bereit, das Irrationale, sei es als Ursache, sei es als Wirkung, in ihre Überlegungen miteinzubeziehen. Die Geschichte der Massenpsychopathologie muß erst noch geschrieben werden, auch die Geschichte des Massenwahns, die Geschichte der Massenhysterie und ihres Einflusses auf die Weltgeschichte. Kann es sein, daß den Historikern die zugrunde liegende fundamentale Irrationalität, mit der sie sich dann ja auseinandersetzen müßten, unbequem ist? Leiden sie etwa an der „Verwirrung des gesunden Urteilsvermögens eines Rationalisten", wie G. Sholem, jener außergewöhnliche Historiker des jüdischen Mystizismus, sich einmal ausdrückte?

Die meisten Historiker – es gibt durchaus einige bemerkenswerte Ausnahmen – versuchen auch die Geschichte des Antisemitismus rein rational zu analysieren, indem sie zwar nach Gründen und Erklärungen für das Phänomen des Antisemitismus suchen, die Ursache dafür aber nicht etwa in der Besessenheit der Antisemiten suchen, sondern im Verhalten der Juden oder in unpersönlichen Geschichtsvorgängen, z. B. im Zyklus des wirtschaftlichen Aufstiegs oder Niedergangs, im System von Kapitalismus oder Imperialismus usw. Selbst jüdische Historiker – sie sind gelegentlich die reinsten Rationalisten – sind oft nur auf der Suche nach Fehlern auf seiten der Juden, damit sie daraus eine rationale Erklärung für den Antisemitismus ableiten können. Sie sehen nicht, daß der Antisemitismus mit der Virtuosität eines Chamäleons sein Gesicht ändert. Im Laufe der Geschichte wurden die Juden wegen ihres Glaubens verfolgt und wegen ihres Unglaubens geschunden. Sie wurden als Arme verachtet und als Reiche gehaßt; für die Unkenntnis der Kultur ihrer Gastgeber geschändet, für die Beherrschung eben dieser Kultur ausgewiesen; als Kapitalisten verschrien, als Kommunisten beschuldigt, für ihren Separatismus verhöhnt, für das Sichanpassen geschmäht. Was immer Juden in ihrer Geschichte getan haben oder nicht getan haben, was sie gewesen oder nicht gewesen sind – das bloße Faktum ihres Daseins nährte die Feindseligkeit des Judenhasses.

Einen dritten Grund für die Mißachtung des Judentums in der geltenden Geschichtsschreibung sehe ich in der vorherrschenden Einstellung der Historiker gegenüber Deutschland. Früher oder später muß sich jeder Geschichtsschreiber mit dem Problem des Nationalsozialismus und mit dessen Ort in der deutschen Geschichte auseinandersetzen. Muß er in einem ununterbrochenen Zusammenhang mit der deutschen politischen Tradition und der deutschen Kultur gesehen werden, oder kann man ihn als eine momentane Verwirrung der Geister abtun? Dieser Ausweg, den Nationalsozialismus und seine Folgen für das Judentum als eine vorübergehende Entgleisung, als einen monströsen Auswuchs darzustellen, ist für viele nicht gangbar. Würden doch die Deutschen damit als eine Nation dargestellt, die anfällig ist für eine bestimmte Krankheit, die nicht fähig ist, umherziehenden Trommlern Widerstand zu leisten. Kein Wunder, daß vor allem deutsche Historiker mit der Bürde einer ungeheuren Gemütsbewegung belastet sind, kein Wunder, daß die Klärung der „deutschen Frage" eine Angelegenheit von entscheidender Bedeutung wird. Heute fragt man nur noch: „Wie war der Nationalsozialismus möglich?". Die andere Frage: „Wie war Auschwitz möglich?", stellt man praktisch überhaupt nicht mehr.

Unverständlicherweise können sogar einige neonazistische Pseudohistoriker ihr Unwesen treiben, die sich den Ideen des Nationalsozialismus verschrieben haben, die Juden hassen und die verbrecherischen Handlungen der Nazivergangenheit leugnen und indirekt billigen. Es muß dazu gesagt werden, daß gerade in Deutschland diese hartnäckigen Nazis von ihren Kollegen zur Ordnung gerufen und von Gerichten wegen Aufwiegelung zum Judenhaß verurteilt wurden. Und es gibt deutsche Historiker, welche diese Vergangenheit nicht vertuscht haben, Historiker, die tatsächlich den deutschen Antisemitismus und die daraus resultierende Ausrottung des Judentums in den Mittelpunkt der historischen Vorgänge gestellt haben.

Nun kann man natürlich fragen: Macht es denn etwas aus, wenn der Massenvernichtung des jüdischen Volkes nicht der gebührende Platz in der Geschichte zugewiesen wurde? Die Geschichtsbücher schweigen doch auch über andere Kapitel der Menschheitsgeschichte. Geschichtsbücher können nicht jeglichem

Greuel, jeglicher Verirrung, jeglicher Katastrophe Genüge tun. Ich glaube jedoch, hier gibt es einen Unterschied: bei jedem, auch dem widerlichsten Krieg, war nicht das Töten an sich Ziel, sondern es wurde getötet, um einen Zweck zu erreichen, auch wenn man über das Ziel verschiedener Meinung sein konnte, je nachdem auf welcher Seite man stand. Die deutsche Diktatur hat jedoch die Juden nur zu dem Zweck ermordet, daß die Juden ermordet werden. Sie maßte sich die Entscheidung an, zu wissen, wer das Recht zum Leben hat auf dieser Erde und wer nicht. Das ist das Einzigartige an dieser Massenvernichtung.

Für alle, die sich ernsthaft mit diesen historischen Ereignissen befassen, hat die Massenvernichtung am jüdischen Volk ihr historisches Bewußtsein verändert. Wir haben neu gesehen, wozu der Mensch fähig ist. Dinge, die früher unvorstellbar waren, sind heute geradezu alltäglich. 1897, als die Dreyfus-Affäre Frankreich in zwei Lager spaltete, sagte B. Lazare, ein französischer Jude, der an der Verteidigung von Dreyfus mitwirkte, seinen Hörern in einem Vortrag über den Antisemitismus: „Für die christlichen Völker wäre eine Übernahme der ‚armenischen Lösung‘ aufgrund ihres Judenhasses denkbar." Er bezog sich dabei auf die Dezimierung des armenischen Volkes durch die türkische Mehrheit – ein ungeheuerliches historisches Ereignis, das tatsächlich einen Vergleich mit dem Mord an den Juden aushält. „Aber", fuhr B. Lazare damals fort, „Ihr Empfinden darf solches nicht zulassen, kann solches überhaupt nicht in Betrachtung ziehen." Fünfzig Jahre später aber wurden kaum christliche Empfindungen durch den Mord an den Juden aufgewühlt. Ein prominenter protestantischer Theologe bezeichnete vielleicht deshalb die Massenvernichtung als „die Katastrophe des Christentums".

Lassen Sie mich schließen mit einem Zitat des deutschen Philosophen Karl Jaspers: „Das, was geschah, muß eine Warnung sein. Es zu vergessen, ist ein Vergehen. Es muß fortwährend in unserer Erinnerung leben. Es war möglich, daß es geschah, und es ist möglich, daß es wieder geschieht. Davon zu wissen allein kann dies verhindern."

Zum Autor dieses Beitrags:
Lucy Dawidowicz, Historikerin und Schriftstellerin, ist Professorin für Sozialgeschichte an der Yeshiva University in New York. Sie ist Trägerin eines Guggenheim-Stipendiums (1976) und arbeitet augenblicklich an einer Geschichte des amerikanischen Judentums. Lucy Dawidowicz ist gebürtig in New York. Sie studierte an der Columbia-University und dem Yivo-Institut für jüdische Forschung. Als Autorin trat sie mit verschiedenen Werken über das Judentum und seine Geschichte an die Öffentlichkeit (u. a. mit: „Der Krieg gegen die Juden 1933–1945" und „Die goldene Tradition: Jüdisches Leben und Denken in Osteuropa").

3.

Das lebende Denkmal
der Massenvernichtung

Von Dorothy Rabinowitz

Im Winter 1973 wurde gegen Hermine Ryan-Steiner, der Frau eines amerikanischen Bürgers, wohnhaft in Queens/N.Y., gerichtlich ermittelt. Frau Ryan war angeklagt, als SS-Aufseherin in den Konzentrationslagern Ravensbrück und Majdanek in den Jahren 1939 bis 1944 Lagerinsassen zu Tode geprügelt zu haben. Außerdem wurde sie beschuldigt, für den Tod von mehr als 100 Frauen verantwortlich zu sein, welche sie persönlich als arbeitsunfähig aus den Lagerinsassen ausgesondert hatte. Eine wahre Flut ehemaliger Häftlinge erklärte sich bereit, vor Gericht als Zeuge auszusagen. Sie alle waren bemüht, sich den Spielregeln der zivilisierten Gesellschaft entsprechend zu verhalten, welcher sie nun seit etwa 35 Jahren wieder angehörten. So wußten sie z.B., daß es in unserer Gesellschaft nicht angeht, von Rache zu sprechen. Sie hatten gelernt, auf Fragen im Zeugenstand oder vor Journalisten zu antworten, sie dächten nicht an Rache; Gerechtigkeit, nur Gerechtigkeit sei es, was sie begehrten. Sie wußten, Rache ist tabu, und Verzicht auf Vergeltung ist geboten. Das alles war diesen Zeugen nichts Neues.

Sie wußten auch, daß sie sich in ihren Aussagen knapp zu fassen hatten, auch dann, wenn die Ermordung ihrer Familie, ihrer Angehörigen zur Sprache gebracht wurde. Alles mußte kurz und bündig gesagt werden. Ebenso war ihnen bekannt, daß sich ihre Aussagen über die Zustände in den Konzentrationslagern auf sachdienliche Hinweise zu beschränken hatten.

So traten diese Überlebenden des Massenmordes im Winter 1973 der Reihe nach in den Zeugenstand. Sie stellten sich dem Verhör der Justizbehörden und den Regeln eines gerichtlichen Verfahrens – vielleicht gibt es in der ganzen Welt keine überzeugteren Verfechter der Demokratie als jene jüdischen Bürger in den Vereinigten Staaten. Der Richter wies sie an, sich präzise auszudrücken und Gefühlsausbrüche oder Gemütsregungen tunlichst zu unterlassen, so verständlich solche Empfindungen auch sein möchten. Und die Zeugen hielten sich an die geltenden Spielregeln, selbst noch als sie dem Kreuzverhör des Verteidigers von Frau Ryan ausgesetzt waren. Es waren seltsame Fragen, die er stellte: „Warum", hatte er einen Zeugen gefragt, „warum waren die anderen Gefangenen denn nicht zu Hilfe geeilt, als die SS-Wärter angeblich zwei jüdische Frauen erschlugen?" Er bestand darauf, genaue Antworten zu bekommen auf seine Fragen nach der genauen Uhrzeit oder dem Datum, an welchem dieses oder jenes geschehen sein sollte. Die Zeugen antworteten, so gut sie konnten. Sie wußten ja, daß derartige Fragen in einem Prozeß gestellt werden. Aber sie mußten auch eingestehen, daß sie solche Fragen nicht beantworten konnten. Es hatte einfach keine Uhren gegeben in einem Todeslager. Auch keine Kalender!

Einem der Zeugen stellte der Verteidiger die Frage: „Dreißig oder vierzig Gefangene waren angeblich Augenzeugen dieser Tat. Wie können Sie mir erklären, daß ihr alle nur zugeschaut habt, als die Frauen erschlagen wurden?" Schweigen. Der Verteidiger wiederholte seine Frage: „Sie behaupten, etwa vierzig Gefangene standen dabei. Sie alle hatten Schaufeln in der Hand. Warum haben Sie nichts getan, um den angeblichen Mord zu verhindern? Sie alle standen herum und schauten nur zu?" Endlich antwortete der Zeuge: „Wie stellen Sie sich das vor? Ich verstehe Sie nicht!"

Doch dies war nicht der Fall. Der Zeuge und die anderen Überlebenden verstanden sehr wohl. Diese Suggestivfrage hatte den Zweck, Majdanek als einen Ort hinzustellen, an dem die gleichen Gesetze Gültigkeit hatten wie überall in der Welt, wo Menschen zusammenleben und die Möglichkeit haben, sich so oder anders zu verhalten. Sie hätten ihre Mitmenschen retten können, wenn sie nur gewollt hätten.

Dies war gewiß nicht das erste Mal, daß die Überlebenden sich solche Mutmaßungen über die Hölle, die sie erlebten, mitanhören mußten. Aber es war das erste Mal, daß sie eine derartige Entstellung der geschichtlichen Tatsachen zur Kenntnis nehmen mußten vor einem amerikanischen Gerichtshof, vor einer Stelle also, an welcher Rechtschaffenheit, Wahrheit und Anstand zu erwarten gewesen wäre. Aus dem Munde des Verteidigers mußten sie zur Kenntnis nehmen, daß Ravensbrück in Wirklichkeit nur ein Rehabilitierungslager war für die Umschulung von Gefangenen. Sie mußten mitansehen, wie das Gericht diese böswillige Verdrehung historischer Tatsachen ohne große Einwendungen zur Kenntnis nahm und die Beweisführung des Verteidigers als durchaus akzeptabel beurteilte. Das hatte es noch nie gegeben, doch dies sollte nicht das letzte Mal sein. Unterdessen konnten wir alle die Ergebnisse einer „wissenschaftlichen Untersuchung" zur Kenntnis nehmen, derzufolge niemals der Versuch einer sogenannten „Endlösung" der Judenfrage geplant oder gar in Angriff genommen wurde, derzufolge alles Gerede darüber der historischen Grundlage entbehre.

Eine einzige Frau trotzte bei jenem Verfahren gegen Frau Ryan den Verhaltensregeln, denen sich alle anderen Zeugen unterwarfen. Sie wollte ihre Verachtung und ihren Haß nicht verbergen. Auf die Fragen des Verteidigers nach einem bestimmten Datum, nach einer genauen Entfernung im Lager antwortete sie gereizt und gehässig. Sie teilte dem Gericht mit, daß sie nicht länger auf Rache verzichten wolle. Sie wolle diesen Tag, an welchem sie gegen Frau Ryan aussagen konnte, als einen Festtag begehen; sie wolle sich so kleiden, wie Frau Ryan gekleidet war, wenn sie die Reihen der Häftlinge abschritt, um jene auszusondern, die für den Tod bestimmt waren.

Nach dieser Aussage wurde die Frau von Journalisten umringt. „Warum sind sie überhaupt gekommen", fragte einer, „warum kommen sie hierher, wenn sie sich dabei doch so aufregen müssen?" Die Antwort kam mit jener leisen, verzweifelten Stimme, die ich bei Überlebenden der Massenvernichtung kenne, wenn man ihnen Fragen stellt, deren Sinn sie nicht ergründen können.

„Warum, ja warum bin ich eigentlich heute hier?" Und sie erklärte dann, welche Gefühle in ihr aufstiegen, als sie ihre ehemalige KZ-Aufseherin im Gerichtssaal wiedergesehen hatte: „Makelloses graues Kostüm, makellose Frisur. Auf ihren Knien zwei Hände, große Hände, stark und jung. Meine Familie kam mir in den Sinn. Ich erinnerte mich an die Augen meiner Tante. Für die Gaskammer bestimmt, stand sie angetreten in einer Reihe, eine junge Frau, die mich mit ihren Augen anschaute, als ob sie sagen wollte: ‚Kannst du mir nicht helfen?' Ich sah zwei Klassenkameradinnen, die für die Gaskammer ausgesondert wurden, weil sie mit der Ruhr angesteckt waren. Ich hatte eine kleine Kusine, die acht Jahre jünger war als ich. Ich erinnerte mich, daß ich einmal zu meiner Baracke zurückkam, und sie lag dort auf dem Boden, vollkommen gelb und zerstört. Und ich hatte eine kleine Schwester, die ich sehr liebte. Auch sie ist vergast worden. Und hier sehe ich vor mir Frau Ryan, blühend, kräftig und jung sitzt sie in diesem Gerichtssaal, mit diesen Händen auf ihrem Schoß, so stark, so frisch, so gutaussehend."

Dies ist der Stoff, aus dem die Erinnerungen an die Massenvernichtung sind. Erinnerungen, die das Leben der Überlebenden in vielfältiger Weise formen, einfärben und bestimmen. Es ist die Wahrheit, die jedem Überlebenden der Massenvernichtung auf der einen oder anderen Ebene bewußt ist, daß er in zwei Welten lebt: in der Welt der Vergangenheit und in der Welt der Gegenwart. Und daß die Logik der ersten Welt mit ihrer Erinnerung an die Massenvernichtung, jener zweiten Welt, der Gegenwart, absurd erscheinen muß. Der Überlebende weiß, daß es absolut sachdienlich und korrekt ist, vor einem Gericht über Einzelheiten des Zeitpunkts oder einer Distanz befragt zu werden. Dennoch: Wie absurd sind solche Fragen, wie absurd ist der Versuch, sie zu beantworten, wenn diese Fragen sich auf Ereignisse in Majdanek oder Auschwitz beziehen. Eine Überlebende erzählte, auf dem Marsch in einer langen Kolonne von weiblichen Gefangenen sei sie, fast tot vor Erschöpfung und Hunger, plötzlich neben einem jungen SS-Mann gestanden. „Irgendwie vergaß ich mich und fragte ihn: Welcher Tag ist heute?" Und aus irgendeinem, Grunde vergaß auch er sich und antwortete: „Mittwoch". Weil ich nichts zu verlieren hatte, fragte ich weiter: „Und welches Jahr haben wir?" Und er vergaß sich nochmals und sagte: „1944".

Als gegen Ende der vierziger bis Anfang der fünfziger Jahre der größte Strom Überlebender in den Vereinigten Staaten eintraf, mußten sie feststellen, daß sie mit ihren Erlebnissen und Erfahrungen den Nichtbeteiligten schlechterdings unbegreiflich bleiben mußten. So konnten die Freunde und Verwandten fragen, ob es denn schlimm gewesen sei zu hungern. Und auf die Antwort „Ja, es war sehr schlimm:', gaben die Gastgeber ihre eigenen Erfahrungen zum Besten: auch in den USA seien manche Dinge während des Krieges knapp geworden, der Zucker zum Beispiel ... Und manchmal wurden die Überlebenden der „Endlösung" von ihren Verwandten und Freunden in den Staaten gebeten, sie möchten doch einmal ihre Erinnerungen überprüfen und nicht so schrecklich übertreiben. Man war nicht bereit, ihnen abzunehmen, daß es in einem Lager überhaupt nie einen Nachtisch gegeben habe! „Nicht einmal ein Stückchen Kuchen?"

Damals besuchte eine Überlebende von Auschwitz einen Studentenball im College ihres Gatten. Sie bemerkte einen Mann, der sie ständig auffallend anstarrte. Schließlich kam er auf sie zu und sprach sie an auf die Zahlen, die sie auf ihrem Arm trug. „Ich möchte doch wissen", fragte er, „wie sie dazu kommen, ihre Wäschenummer auf der Haut zu tragen?" Weil er auf einer vernünftigen Antwort bestand, erklärte sie ihm, die blaue Tätowierung ihrer Lagernummer auf ihrem Arm sei eine Telephonnummer. Am nächsten Tag erfuhr sie, dieser Mann sei der Dekan der juristischen Fakultät gewesen. Dies konnte 1950 noch geschehen. Erst der Eichmann-Prozeß (1960) lieferte dem Ausland eine umfangreichere Aufklärung über jene Ereignisse.

In einem Theaterstück, das in den vierziger Jahren spielt, befaßt sich der Schriftsteller Dan Jacobson mit einer Auseinandersetzung zwischen Jitzak, einem Juden, der die Konzentrationslager überlebte, und seinem israelitischen Vetter Joel. Joel befragt Jitzak, was er denn nun vorhabe, was er am liebsten tun möchte. „Ich möchte endlich einen Beruf erlernen, ich möchte heiraten, möchte mir eine Wohnung einrichten", antwortet Jitzak, „ich wünsche mir das, was du dir auch wünscht." Joel stellt sich im Innersten die peinigende Frage: „Wenn eine Frau, ein Beruf, eine Wohnung alles ist, was der sich jetzt zu wünschen vermag, warum war er dann dazu verdammt, all seine Vergangenheit zu erleben? Sollte er nach allem, was war, nicht an anderes denken? Aber woran denn? Ja, woran denn?"

Es wäre kindisch zu erwarten, daß die Überlebenden der Massenvernichtung aus dem Abgrund mit Offenbarungen, mit Verständnis, mit Weisheiten auftauchen würden, oder auch nur mit Hoffnungen, außer solchen, die sich auf Arbeit beziehen, auf Beruf, auf Besitz, auf die Gründung einer Familie, auf Geborgenheit und Ordnung in ihrem Leben. Aber wäre es nur so! Wäre es nur so, wie der Held des Romans sagt, daß die Überlebenden keine Offenbarung, kein Verständnis, keine Weisheit aus dem Abgrund mitbrachten. Wäre es nur so, daß die Überlebenden nur jene bescheidenen Erwartungen hätten an das Leben: Schaffung eines Lebensraumes, Erwerb von Besitz, Ordnung und Geborgenheit in ihrem Leben! In Wirklichkeit war es das harte Los derer, welche die „Endlösung" überlebten, daß sie das Unaussprechliche ertragen, daß sie unschätzbare Verluste erlitten hatten, daß sie Vorstellungen in sich aufgenommen hatten, die ihrem geistigen Auge für immer vorschweben würden. Aber dann verlangte man von ihnen, sie sollten besser sein, nicht schlechter als die anderen Menschen. Sie sollten freigebiger sein, idealistischer, verständnisvoller. Ich kann nicht ganz begreifen, daß jene, die von ihrer Mitwelt so viel zu erleiden hatten, die von der gesamten zivilisierten Gesellschaft im Stich gelassen worden waren, jetzt die Bürde auf sich nehmen sollten, sie, der Rest des Judentums, müßten nun die Menschheit verbessern. Eher hätte ich Verständnis dafür, wenn manche, welche die „Endlösung" überlebten, durch ihre Erfahrungen verbittert und in ihrem Wesen verfinstert wurden, vielleicht abgestoßen durch die Gleichgültigkeit ihrer Umwelt.

In einem Punkte sind sich heute die Überlebenden des Völkermordes von damals einig, gleich welcher politischen Richtung sie zugehören, gleich auf welcher Seite sie stehen mögen: sie gehen den Meldungen über Konflikte nach, mögen sie sich auch weit entfernt von unserem Lande abspielen. Sie überprüfen die Meldungen, sie versuchen zu erkunden, was der Wahrheit entspricht. Nicht, daß sie sich aufspielen als die Richter über Gut und Böse. Es geht ihnen nicht um ein Richten oder Verurteilen. Sie können nicht anders. Sie müssen sehen, auch was sie gar nicht zu sehen wünschen, müssen mitfühlen, auch dort, wo es bequemer wäre, nichts zu fühlen. Eine andere Möglichkeit steht ihnen nicht zur Verfügung. Haben sie nicht eine besondere Aufgabe zu erfüllen? Stehen sie nicht unter einem besonderen Gesetz? Müssen sie nicht der bitteren Erfahrung, welche sie machen mußten, einen Sinn abgewinnen? Sollen sie nicht ein Licht sein für die Welt?

Man kann sicherlich nicht sagen, daß die Überlebenden des Massenmordes generell bessere Menschen wären als der Durchschnitt, daß sie weniger egoistisch wären, daß sie verständnisvoller wären als ihre Mitmenschen. Aber es gibt kaum Menschen auf der Welt, in denen das Gefühl moralischer Verantwortung tiefer verankert ist als bei jenen Überlebenden. In diesem Punkt sind sie auch hart und unnachsichtig untereinander: war da nicht einer, der nur noch daran dachte, sich zu bereichern? Gibt es da nicht einen, der nie auch nur einen Pfennig für Israel spendet? Wie konnten sie ihre Vergangenheit vergessen?

Vielleicht fragen sie: „Wie kann man immer von *den* Überlebenden sprechen? Sind es nicht sehr verschiedene Menschen, Individuen mit vielfältigen Standpunkten, mit unterschiedlichen Fähigkeiten?" Gewiß, die Überlebenden der Massenvernichtung – jene Juden, die dem Versuch der „Endlösung" entronnen waren – sie sind Individuen wie andere Menschen auch. Dennoch gibt es unter ihnen nicht viele, von denen man sagen könnte, daß sie nicht ihre größten Sorgen gemeinsam tragen, daß sie an bestimmten Leidenschaften nicht partizipieren, daß sie nicht gewisse Überzeugungen teilen, die allen Überlebenden gemeinsam sind. Alle hatten mehr oder weniger dasselbe Schicksal zu tragen, alle hatten mehr oder weniger den gleichen Prozeß des Wiedereintretens in eine „normale" Welt durchzumachen. Alle waren mehr oder weniger Juden.

Aber was sind nun ihre größten Sorgen? Eine gemeinsame Sorge der Überlebenden ist das Bewußtsein, daß weder ihr eigenes Leben noch das Leben ihrer neu zu gründenden Familie ihnen allein gehören dürfe. Sie müssen mit ihrem Leben die Last anderer Hoffnungen, anderer Leben, die ausgelöscht sind, tragen. Das Kind, das sie in der neuen Welt zeugen, das Kind, in Brooklyn oder sonstwo geboren, ist nicht einfach *ihr* Kind, sondern es ist ein Symbol dafür, daß das Judentum noch lebt.

Das neue Leben der Überlebenden muß die Last anderer Hoffnungen und anderer Leben tragen. Da waren die Toten, Millionen Tote! Und der Überlebende muß erzählen, muß Zeugnis geben für alle, die leben, von jenen, die nicht überlebten. Er muß Zeugnis geben, Zeugnis bis zur Erschöpfung, damit die Toten nicht ihrer Stimme beraubt würden. Nur der Wunsch, der Nachwelt Zeugnis geben zu können, hatte sie zum Ausharren befähigt, in einer Zeit, als alle anderen Wünsche und Sehnsüchte bereits entschwunden waren. „Was ich eigentümlich fand", sagte ein Überlebender, „war, daß wir dort in Auschwitz jeden Tag um unser Leben kämpften. Wir fürchteten nicht am meisten den Tod, sondern mehr noch die Möglichkeit, auch der letzte von uns könnte sterben und niemand wäre mehr am Leben, der über alles, was uns angetan wurde, Zeugnis ablegen könnte. Es mag lächerlich erscheinen, daß wir uns damals darüber Sorgen machten, wo wir doch jede Aufmerksamkeit, jede Kraft benötigten, um nur eine Ration Brot zu erhalten."

Welchen Verpflichtungen sahen sich die Überlebenden nach ihrer Rettung ausgesetzt? Vor allem mußten sie sich an den lange ersehnten „Normalzustand" gewöhnen. Dies war nicht leicht, denn die Geschichte hatte ihnen eine Lektion erteilt über den Lauf der Welt, und die Konsequenzen, welche sie daraus zogen, waren manchmal übertrieben oder absonderlich. So waren manche überzeugt, daß die Umwelt ganz einfach bestimmte Reaktionen von ihnen erwartet. Eine Überlebende der Konzentrationslager erzählte ihren Gastgebern während der traditionell üppigen Sabbatmahlzeit, sie hätte seit zehn Jahren keinen Bissen Fleisch mehr erhalten. Sie war überzeugt, daß diese Behauptung ihren Gönnern in den Vereinigten Staaten eine größere Freude machen würde als die Wahrheit. Denn unmittelbar nach dem Krieg waren von den Amerikanern große Mengen von Lebensmitteln gerade für die Juden bereitgestellt worden. Sie hatte Fleisch bekommen und gegessen. Aber sie meinte, mit diesen übertriebenen Schilderungen noch willkommener zu sein bei ihren Gastgebern. Sie wollte gar nicht lügen, sie hatte einfach gelernt, daß einem ein bestimmtes Verhalten sogar das Leben retten kann, und sie mußte die Verhaltensregeln noch suchen, mit denen sie sich zurechtfinden konnte in ihrem neuen Leben.

So verschieden die Überlebenden auch sind, sie haben doch eines gemeinsam: sie meinen, Lehren aus der Vergangenheit gezogen zu haben, die andere Menschen nie gewinnen können; sie glauben, die Natur eines Menschen so zu durchschauen, wie es anderen nicht möglich sei. Ihre Rettung aus den Vernichtungslagern galt ihnen als Legitimation für das, was sie sich nun im neuen Leben vornahmen. Warum sollten sie ihre Erfahrung, ihr Wissen, ihren Instinkt, dem sie vielleicht die Rettung verdanken, nicht weiterhin benutzen? Der eine hatte gelernt, daß kein Mensch bereit ist, jemanden zu töten, der ihn darum bittet. Der Wunsch getötet zu werden nimmt dem Henker den Willen zur Hinrichtung. Ein anderer wußte nun, daß es keinen Sinn hatte, eine Frau um Gnade zu bitten. Wenn überhaupt Gnade vom Feind zu erhoffen war, dann höchstens von einem Mann. Die Frauen bei der SS waren ausnahmslos grausamer als die Männer. Der eine behauptet, er verdanke sein Leben dem Umstand, daß er sich stets im Hintergrund gehalten hat, daß er sich nie freiwillig gemeldet hatte. Der andere führt sein Überleben darauf zurück, daß er stets vortrat, wenn Freiwillige gesucht wurden, ganz gleich zu welcher Arbeit und an welchen Ort sie abkommandiert wurden.

Was sind die Sorgen der Überlebenden? Sie suchen Freundschaften zu schließen, Verbindungen wieder anzuknüpfen mit der Vergangenheit, nachdem sie ihre Familie verloren haben, nachdem ihnen ihre Gemeinde geraubt wurde. ,,Ich wurde aufs neue geboren'', sagen Überlebende immer wieder, wenn sie ihren Zustand nach der Befreiung schildern wollen. Das schloß ein, daß sie glücklich waren, überlebt zu haben, auch daß sie bereit waren, das Leben auf sich zu nehmen, das ihnen wieder gegeben war. Aber die Aussage ,,Ich wurde neu geboren'' hat auch eine dunkle Seite: Sie waren in einer Welt am Leben geblieben, wo es nun für sie keinen Platz mehr gab. Es war kein Raum mehr, der nicht seinen Besitzer hatte, ihre Wurzeln und Bindungen, die Mütter Väter, Gatten, Kinder, das Vermögen – alles war nicht mehr da. Freunde, die sie in Europa kannten, waren die einzige Bindung zur Vergangenheit. Diese Freunde mußten den Platz der Verwandten, Eltern, Gatten, Geschwister einnehmen, die plötzlich nicht mehr waren.

Jetzt, Jahrzehnte nach der endgültigen Trennung von den Geliebten, müssen die Überlebenden mit unbeantworteten Fragen kämpfen, mit ungelösten Streitigkeiten, mit ausgesprochenen oder unausgesprochenen Worten und Fragen. So erzählt eine Überlebende: ,,Ich war 16 Jahre alt. Zusammen mit meiner Mutter war ich einer Gruppe von 60 weiteren Frauen zugeteilt. Meine Mutter war krank. Eine der SS-

Frauen kam zu unserer Gruppe und teilte mit, daß wir mit dem nächsten Transport in die Gaskammern nach Auschwitz verfrachtet würden, daß wir nicht einmal zur Auslese am Hauptdurchgangslager haltmachen würden. Ich war die einzige in der Gruppe, die jung war und gesund. Ich sagte meiner Mutter nichts. Ich stand neben ihr. Ich ging zusammen mit ihr. Ich konnte sie nicht allein gehen lassen, und dennoch wollte ich nicht sterben. Was ich von meiner Mutter hören wollte, war: ‚Du bleibst und ich gehe. Du brauchst nicht mit mir zu kommen.' Aber meine Mutter tat das nicht. Wie dem auch sei. Schließlich stellte es sich heraus, daß wir in ein anderes Lager überführt wurden."

Eine andere Frau berichtet: „Ich weiß nicht warum, aber ich glaube, meine Mutter hatte immer die Vorstellung, daß es mit mir ein schlechtes Ende nehmen würde, daß ich eine wilde Ader in mir hätte, oder etwas Ähnliches. Ich weiß nicht, warum sie es glaubte. In Auschwitz blieb ich bei ihr so lange ich konnte, dann wurde sie vergast. Jetzt möchte ich ihr zeigen, daß ich ein rechtschaffenes Leben geführt habe, daß ich nicht so geworden bin, wie sie vermutete."

Wer sind diese Überlebenden? Die Mehrzahl war zur Zeit ihrer Befreiung durch die Alliierten zwischen 18 und 40 Jahre alt. Diejenigen, die nach Amerika auswanderten, trafen größtenteils in den Jahren zwischen 1948 und 1951 dort ein, zusammen mit einer Welle von Einwanderern, wie sie nie zuvor an die Ufer der Neuen Welt gespült worden war. Es waren Menschen aus den verschiedensten Berufen, mit sehr unterschiedlichem Bildungsstand; sie alle sind unterdessen im „normalen" Leben, soweit das möglich ist, aufgegangen. Ich muß sagen, soweit dies möglich ist, denn letzten Endes wird zwischen den Überlebenden und denen, die nicht beteiligt waren, immer eine Kluft bestehen. So bleibt z. B. die Auseinandersetzung über die Möglichkeiten eines jüdischen Widerstandes wohl immer gegensätzlich. Solche Gespräche zwischen Beteiligten und Unbeteiligten führen fast immer zum Streit. Wie hätten sich die Juden den Deutschen gegenüber verhalten sollen? Wie hätten sie den Verlust vieler Millionen verhindern können? Was wäre besser, weitsichtiger, klüger gewesen? Die Überlebenden – Kurzwarenverkäufer oder Schriftsteller – setzen sich mit jenen Historikern auseinander, die den Juden in der Weltöffentlichkeit eine nicht geringe Mitschuld an ihrer eigenen Ermordung zuschieben wollen. Sie sehen sich vor Theorien gestellt, welche zu beweisen scheinen, daß das Verhalten der Opfer zu dieser entsetzlichen Katastrophe führen mußte. Sie hätten einfach nicht verstanden, sich in ihrer Situation richtig zu verhalten (B. Bettelheim). Andere glauben beweisen zu können, daß die Juden praktisch dem Vernichtungsplan zugestimmt hätten und daß die Psychologie der jüdischen Menschen einen entscheidenden Beitrag geleistet habe, der den Plan der „Endlösung" überhaupt erst realisierbar machte (R. Hilberg). H. Arendt behauptete sogar, die Judenräte im besetzten Europa und das organisierte Judentum in der Welt hätten aus eigenem politischen Interesse dem Vernichtungsplan der Nazi-Regierung wirksamen Vorschub geleistet. Dies würde letztlich dazu führen, daß die Opfer nicht nur an ihrem Tod mitschuldig waren, sondern daß ihre eigenen Organisationen und nicht Nazi-Deutschland den Mord am jüdischen Volk anstrebte. Und B. Bettelheim stellte offen die Frage: „Hätten die Millionen Juden nicht lieber wie freie Menschen kämpfen sollen, statt zu kriechen? Warum wollten sie nicht im Kampfe sterben, wenn sie doch sterben mußten? Warum griffen sie nicht zu den Waffen?"

Alberne Fragen angesichts der Wirklichkeit, welcher die Juden in Europa gegenüberstanden. Die Überlebenden wissen, daß sie sich so verhalten haben, wie es ihnen die überlegene Macht der Nazis aufgezwungen hatte. Sie hätten heftigeren Widerstand leisten können, aber die Chancen zu überleben wären nicht größer gewesen. Tatsache ist jedoch, daß es auch den Überlebenden des Massenmordes nicht gelang, die weitverbreitete Meinung in die Schranken zu weisen, sie, die Juden selbst, seien zum großen Teil mitschuldig an ihrem Untergang, da sie wie Schafe zur Schlachtbank gingen.

Noch manches andere belastet die Überlebenden. Seit ihrer Befreiung sind mehr als dreißig Jahre vergangen. Nun werden sie in zunehmenden Maße vom Gefühl gehetzt, daß ihre Zeit dahinschwindet und daß sie zuvor noch ihr Zeugnis für die Geschichte ablegen müssen. Der Drang, die Ereignisse der Vergangenheit niederzuschreiben und festzuhalten, wird mit der Zeit immer stärker. Die Last der Erinnerung wird schwerer, nicht leichter. Die Bilder vor dem inneren Auge werden schärfer. Erst vor kurzem bekam ich ein Tagebuch eines ehemaligen KZ-Häftlings zugeschickt. Im Begleitbrief schrieb er: „Ich muß mich mit der Vergangenheit auseinandersetzen. Die Erinnerung an das, was geschah, darf nicht ausgelöscht werden, ganz gleich, was wir in der jetzigen, besseren Welt erreicht haben, ganz gleich, wie gut wir uns dem normalen Leben anpassen konnten!"

Diese „bessere Welt", von der der Autor spricht, hat unterdessen Filme gesehen, in denen die Konzentrationslager der Nazis als Hintergrund dienten für Gruselkomödien. Diese „normale Welt" nahm es hin, daß M. Ophuls in seinem Film „Memories of Justice" die Behauptung aufstellen konnte, die Alliierten, die in Nürnberg über die deutschen Kriegsverbrecher zu Gericht saßen, seien nicht weniger Kriegsverbrecher als jene, über die sie zu Gericht saßen. Es wird kein Unterschied mehr gemacht zwischen dem Eingreifen der Amerikaner in Vietnam oder Korea und den Verbrechen des Naziregimes. Daß eine derartige Verfälschung der historischen Tatbestände in der Öffentlichkeit hingenommen wird, muß als ein beredtes Zeugnis für den starken Einfluß der revisionistischen Kräfte gewertet werden, jener Kräfte, die aus politischem oder ideologischem Interesse abzuleugnen suchen, was wirklich geschah.

Auch wenn wir mit noch so vielen Dingen fertig geworden sind, mit der Tatsache, daß in diesem Jahrhundert ein weitgehend erfolgreicher Versuch unternommen wurde, ein Millionenvolk auszurotten, dürfen wir nie fertig werden. Wir dürfen nicht damit fertig werden, daß für dieses Verbrechen ein minutiöser Plan entwickelt werden konnte, der über Jahre hin unter den Augen der gesamten Weltöffentlichkeit konsequent verfolgt wurde. Das ist Geschichte. Das wird Geschichte bleiben. Wenn die Geschichte dieses

Jahrhunderts geschrieben wird, bleibt nichts von den Anstrengungen des Revisionismus. Was Bestand haben wird, ist die unauslöschliche Sprache der Nummern, eintätowiert auf den Armen von Millionen Opfern.

Zum Autor dieses Beitrags:
Dorothy Rabinowitz wurde in New York geboren, wo sie im Schatten des Zweiten Weltkrieges und der „Endlösung" aufwuchs. Selbst Jüdin, galt ihr ganzes Interesse jenen Überlebenden der Konzentrationslager, die nach dem Krieg in die USA eingewandert waren. Frau Rabinowitz unternahm viele Reisen, um die jüdischen Opfer des Naziregimes zu ermitteln und um ihre Vergangenheit zu dokumentieren. Das Ergebnis ihrer Ermittlungen veröffentlichte sie in dem Dokumentarbericht: „Das Neue Leben – Überlebende der Massenvernichtung in den Vereinigten Staaten". In der Folgezeit erhielt sie zahlreiche literarische Preise und Auszeichnungen, gerade für ihre Dokumentation des Judentums und seiner leidvollen Geschichte.

4.
Die Massenvernichtung als theologisches Problem

Von Robert McAfee Brown

Einerseits gestehe ich gerne ein, daß ich mich geehrt fühle, in diesem Rahmen zu Wort kommen zu dürfen. Andererseits empfinde ich eine heilige Scheu, weil die mir gestellte Aufgabe im Grunde meine Fähigkeiten übersteigt. Wahrscheinlich übersteigt es jedoch die Fähigkeit eines jeden Theologen, sei er noch so erfahren und hervorragend, wenn er vor die Aufgabe gestellt wird, jenes grauenhafte Ereignis in den Annalen der menschlichen Geschichte, den versuchten Massenmord am jüdischen Volke, zu enträtseln.

Es fiel mir schwer, mich in diese Fragen zu vertiefen. Dabei war das größte Problem für mich: wie finde ich als Christ eine Erklärung dafür, daß die Christen damals fast immer auf der falschen Seite standen? Ich habe versucht, in jene Ereignisse einzudringen, jene Erlebnisse zu verstehen – so sehr, daß ich oft geneigt war, mich wieder zurückzuziehen. Ich bin mir auch dessen bewußt, daß ich als Nicht-Jude, als einer, der nie Insasse eines Vernichtungslagers gewesen ist, nicht den Anspruch erheben kann, in vollem Umfang das zu verstehen, was die eigentlich Betroffenen erlebten. Doch auch die Selbstbetroffenen stehen vor einem Dilemma: wie sollen sie dieses Unaussprechliche aussprechen?

E. Wiesel geht in seinem Roman „Der Schwur von Kolvillág" der Überlegung nach – nachdem er bereits mehrere Schriften zum Thema der Massenvernichtung veröffentlicht hatte –, ob es nicht besser gewesen wäre, angesichts dieses ungeheuren Verbrechens zu schweigen. Diese Frage beschäftigt ihn tief. Nachdem er mit all seinen Veröffentlichungen keine Meinungsänderung, keine Bewegung bei den meisten seiner Mitmenschen erreichen konnte, plagte ihn die Überlegung, ob Schweigen nicht ein stärkeres Zeugnis gewesen wäre. Im Roman „Der Schwur von Kolvillág" berichtet E. Wiesel über seine eigene, schreckliche Erkenntnis, daß Geschichte, sei sie auch noch so hart, erzählt werden muß, wenn durch die Erzählungen dieser Ereignisse auch nur ein einziges Leben gerettet werden kann. Wenn auch nur ein einziges Leben gerettet werden kann, dann muß man sprechen, auch wenn damit (wie es der Erzähler dieses Romans tut) ein heiliger Eid gebrochen wird, den man vor einem halben Jahrhundert geschworen hatte.

Damit ist eigentlich schon gesagt, warum wir nicht schweigen dürfen, auch wenn unsere Worte jenes fürchterliche Ereignis notwendigerweise verharmlosen, vielleicht sogar verzerren, weil sie nicht in der Lage sind, es in seinem ganzen Ausmaß zu fassen. Wir dürfen nicht schweigen. Nicht nur, damit die Toten nicht vergessen werden; nicht nur als Mahnung, daß auch wir hätten imstande sein können, die Rolle der SS-Bewacher zu spielen. Nein, wir dürfen nicht schweigen, damit wir einen Weg finden, der sicherstellt, daß solche Ereignisse sich nie wiederholen! Denn ob wir wollen oder nicht, wir müssen der schmerzlichen Tatsache ins Auge sehen, daß es von der Natur des Menschen her nicht ausgeschlossen ist, daß sich so etwas noch einmal wiederholt. Und wenn das Wiederlebendigmachen der Vergangenheit uns wachrütteln kann und unsere Entschlossenheit stärkt, Vergleichbares in Zukunft auf jeden Fall zu verhüten, dann muß dieses Wieder-lebendig-werden-Lassen stattfinden, so schmerzhaft es auch ist.

Bei meinen Studien mußte ich entdecken, daß es sowohl von seiten der Juden als auch von seiten der Christen eine breite Palette von Antworten gibt auf die Frage, wie diese Massenvernichtung möglich sein konnte. R. Rubenstein meint, nach Auschwitz sei die Existenz Gottes überhaupt nicht mehr denkbar. Jede andere Schlußfolgerung hält er für unmöglich. Denn Gott müßte, falls ein Gott nach Auschwitz noch existieren könnte, ein moralisches Ungeheuer sein. Anders äußert sich E. Fackenheim: Gäbe es keine andere Möglichkeit, als nach Auschwitz jede Existenz Gottes zu leugnen, dann erst hätte Hitler den totalen Sieg errungen. Während er sich zu Lebzeiten anschickte, das jüdische Volk zu vernichten, hätte er nach seinem Tod auch noch das Herzstück des Judentums, seinen Glauben, vernichtet. Für E. Wiesel liegt das größte Problem, das ihm die Massenvernichtung stellt, im Schweigen Gottes. Mag man auch nicht viel von den Menschen erwarten – von Gott könnte man doch etwas erwarten. Warum sprach Gott nicht, warum handelte Gott nicht? Warum blieb Gott gleichgültig? Was anders kann man tun, als mit einem so offensichtlich gefühllosen Gott zu hadern?

Nach einigem Zögern gibt es auch Stellungnahmen

christlicher Theologen zu unserem Thema. Manche waren nicht bereit, dieser Frage mit Offenheit zu begegnen; sie fehlt in ihrem Gedankengut in einer Weise, die einfach nicht zu verstehen ist. Andere sind offensichtlich durch die Entdeckung der Mittäterschaft der Christen verstört, so sehr, daß sie im Schweigen erstarren. Wieder andere reagieren abweisend, versuchen sich und das christliche Erbe von der Verantwortung zu entlasten, indem sie einigen wenigen die ganze Schuld zuschieben, stellvertretend für die ganze Menge der Gleichgültigen und Selbstgefälligen. Andere gehen so weit zu behaupten, daß dem historischen Christentum ein gewisser Antisemitismus notwendig innewohne, der durch eine radikale theologische Neukonstruktion ausgemerzt werden müsse.

In all den vielen und vielfältigen Stellungnahmen, mit denen ich mich auseinandersetzen konnte, wurden vorwiegend *zwei Probleme* verhandelt. Das *erste* ist das Problem der *Verantwortung:* Wer müßte zur Rechenschaft gezogen werden? Wie weit müßte das Netz der *Verantwortung* gezogen werden? Es schließt natürlich Hitler ein, auch Eichmann. Umfaßt es aber auch die Wachen in den Lagern, die „braven Deutschen", die „nur Befehlen folgten"? Umfaßt diese Verantwortung auch solche, die wußten, was vor sich ging und es vorzogen, dennoch zu schweigen? Schließt es auch jene ein, die zwar argwöhnten, da spielt sich etwas ab, sich aber Mühe gaben, nicht herauszufinden, was es eigentlich war? Ist vielleicht auch das alliierte Oberkommando einzubeziehen, das, obwohl es von dem Geschehen in Auschwitz wußte, nicht den Befehl gab, die Eisenbahnlinien zu zerstören, die in das Vernichtungslager führten? Schließt es die Kirchen ein und die Kirchenleitungen, die schwiegen, als viele Tatsachen bereits bekannt waren? Diese Frage nach der Verantwortung und nach ihrem Umfang ist ein Problem, das besonders in den Herzen der Nichtjuden brennt, obwohl E. Wiesel nachgewiesen hat, daß es schon damals auch Juden gab, welche es vorzogen, nicht in die Sache verstrickt zu werden. Dies möchte ich jedoch als einen Beitrag zur jüdischen Aufrichtigkeit werten, nicht als einen Weg, das christliche Gewissen zu entlasten.

Am *zweiten* Problem tragen wir alle gleich, Juden und Christen, auch wenn wir uns ihm auf verschiedene Weise nähern. Es ist die *Krise des Glaubens*, die uns die Massenvernichtung aufgezwungen hat. Denn wer – ob Jude oder Christ – kann an einen Gott glauben, in dessen Welt dieses alles stattfand? Das ewige Geheimnis des Bösen, die Quelle der größten Anfechtung unseres Glaubens, erreicht ungeheure Ausmaße in dieser Massenvernichtung. Was da geschehen ist, schließt für immer einen ruhigen Glauben an Gott und an die Menschheit aus. Beide haben sich zu verantworten und für keine der beiden Parteien kann, wenn überhaupt, ein Freispruch leichtfertig erteilt werden.

Wenn ich mich hier dem Problem der freien moralischen Verantwortung nähere, muß ich als Christ zunächst hören und fragen: Wer hat Autorität, wer ist hier Autorität für mich? Es ist nicht derjenige, der sagt, eigentlich ist ja gar nichts geschehen! Es ist nicht derjenige, der sagt: es ist schon lange her, wir haben heute dringendere Probleme. Es ist nicht derjenige, der sagt, das war eine zeitlich begrenzte Entgleisung, von der sonst zuverlässig funktionierenden menschlichen Normalität. Es ist auch nicht derjenige, der irgendwelche Theorien aufstellt. Nein, es ist derjenige, der selbst dabei war, einer, der es überlebt hat, einer, der weiß, was geschah, weil er selbst die Narben der Heimsuchung trägt, körperliche und seelische. Einem dieser Überlebenden zuzuhören erwies sich für mein theologisches Denken als besonders wichtig. Dieser Zeuge erhebt zwar nicht den Anspruch, selbst Theologe zu sein. Er nennt sich einfach einen Erzähler von Geschichten. Dennoch übte er in den letzten Jahren den stärksten Einfluß auf mein theologisches Denken aus. Es ist Elie Wiesel. Er hat jahrzehntelang mit dem Problem der Massenvernichtung gerungen. Bereits als Kind wurde er nach Auschwitz verschleppt. Er kann schreiben als ein Jude, doch er besteht darauf, daß er gerade dort, wo er von seinem jüdischen Standpunkt aus spricht, Allgemeingültigkeit beanspruchen kann für die gesamte Menschheit. Er kann Zeugnis ablegen. Er hat auch mich angesprochen.

Seine Worte sind aus dem Feuer heraus geschrieben und aus dem Blut; aus dem Feuer der Verbrennungsöfen und aus dem Blut der Opfer. Sie wirken zerstörend. So wie Feuer und Blut Symbole der Zerstörung sind, so wirken seine Worte, die daraus leben, zerstörend. Sie zerstören Vorstellungen, Selbstzufriedenheit, Gleichgültigkeit. Aber sowohl die jüdische wie auch die christliche Tradition ist sich darüber einig, daß dem Feuer und dem Blut auch eine schöpferische Kraft innewohnt. Feuer läutert und Blut reinigt. So sind beide auch Symbole eines Neubeginns. Und auch dies gilt für die Worte E. Wiesels. Wenn sie ihre chirurgische Funktion ausgeübt haben, werden sie zu Instrumenten der Heilung, dann reichen sie hinaus über die tiefen Abgründe des Schmerzes, nicht um zu betäuben, nicht um zu verbergen, sondern um zu verwandeln. E. Wiesels Pilgerfahrt durch sein „Tal der Todesschatten" und jenseits davon hat für mich gerade in seinem ständigen Ringen mit der Frage, was wir angesichts der größten moralischen Abscheulichkeit der Menschheitsgeschichte tun sollen, sowohl eine ätzende wie auch eine heilsame Wirkung. Als einer, der zum Hören und Gedenken aufgerufen ist, möchte ich einige Gedanken vortragen, die mir beim Zuhören gekommen sind. Und ich möchte in meinen Darlegungen den Weg entlangwandern, der für E. Wiesel nicht nur Imagination war, sondern grauenhafte Wirklichkeit.

Wie kann ein Mensch auf jenen monströsen Auswuchs des Bösen überhaupt reagieren? Auf E. Wiesels Pilgerfahrt können wir fünf Stationen seines Ringens um ein Verstehen unterscheiden. In der ersten Antwort, die E. Wiesel auf seine Erlebnisse gibt, spricht er als einer, der in die Rolle des Opfers gezwungen wurde. Diese Antwort hat er in seinem ersten Buch „Night" (Die Nacht) gegeben. Es ist die autobiographische Darstellung eines fünfzehnjährigen Jungen, der mit Freunden und mit seiner Familie in Viehwaggons verladen wird, der verfolgt ist von Durst, Hunger und Wahnsinn, der die Trennung von seiner Familie am Eingang des Lagers erlebt und die darauffolgende Entmenschlichung. Elie war ein frommer, naiver

Jude. Doch am ersten Abend im Lager wurde sein Glaube zerstört. Nachdem er für immer von seiner Mutter und seiner Schwester getrennt worden war, mußte er mit seinem Vater weiter durch das Lager gehen. Sie kamen an einen großen Graben, aus dem riesige Flammen auflodereten. E. Wiesel schreibt: „Dort verbrannten sie etwas. Ein Lastwagen kam heran und lieferte seine Ladung ab: Kleine Kinder, Säuglinge." – Er weiß, daß dies eigentlich nur ein Alptraum sein dürfte, daß man es nicht glauben kann, daß der schreckliche Traum sein Ende haben wird. Es ist ein Alptraum, aber es ist auch Wirklichkeit. E. Wiesel wird es nie begreifen, daß sein Zeugnis über diese Ereignisse bestritten wird. An diesem Abend ist sein Kindheitsglaube für immer zerstört. „Niemals werde ich diese Flammen, die meinen Glauben für immer verzehrten, vergessen!" „Als der Morgen kam", schreibt er, „trat eine dunkle Flamme in meine Seele und verschlang sie." Und dieser Abend und dieser Morgen waren nur der erste Tag. Nur *ein* Tag.

Im Verlauf dieses Romans wird die macht- und hilflose Rolle des Opfers herausgestellt, die Rolle dessen, der Peinigungen erduldet, über die er keine Kontrolle mehr hat, die mit besonders unerträglicher Schärfe ihre Wirkung tun, da sie in die Seele eines fünfzehnjährigen Knaben eingeätzt werden. Nach Kriegsende endlich befreit, verbringt E. Wiesel die ersten Wochen im Krankenhaus am Rande des Todes. Wie er selbst ehrlich schreibt, war das einzige, woran die Gefangenen nach der Entlassung dachten, das Essen. Und so bekamen fast alle eine Magenvergiftung. „Eines Tages konnte ich wieder aufstehen, nachdem ich alle meine Kraft zusammengenommen hatte. Ich wollte mich im Spiegel an der Wand sehen. Seit dem Getto hatte ich mich selbst nicht mehr gesehen. Aus der Tiefes des Spiegels starrte mir ein Leichnam entgegen."

Dies war die erste Reaktion eines Mannes, der jene Greuel in der Rolle des Opfers erlebte. Leichter hätte es sein mögen, diese Zeit auf der Seite der Vollstrecker zu erleben. Und aus der Sicht dessen, dem die Rolle des Henkers obliegt, hat E. Wiesel eine kurze kraftvolle Novelle, „Dawn" (Die Dämmerung), verfaßt. Die Hauptfigur dieser Novelle, Elisha, hat die Konzentrationslager überlebt. Während eines Aufenthaltes in Paris wird er von Gad, dem Führer eines palästinensischen Guerillaverbandes gedrängt, nach Palästina zu gehen, um für die Gründung des Staates Israel zu kämpfen. Die ganze Nacht verhandelt Elisha mit dem Guerillaführer. Dieser legt ihm dar, daß Juden nicht einfachhin ewig die widerstandslosen Opfer sein könnten. Sie müßten das Schicksal in die eigenen Hände nehmen. Und er kann Elisha davon überzeugen, daß es seine Pflicht sei, mit nach Palästina zu gehen und mit den Guerillas zu kämpfen, sich an terroristischen Unternehmungen zu beteiligen, die zwangsläufig notwendig seien, um die Briten aus Palästina zu verjagen und die Errichtung eines jüdischen Staates voranzutreiben. Als in Paris die Dämmerung – beschrieben als „ein fahles, vorzeitiges, müdes Licht, in der Farbe abgestandenen Wassers" – weicht, schauen Elisha und Gad aus dem Fenster, und der Guerillaführer sagt: „Hier ist nun Dämmerung. In unserem Land ist alles ganz anders. Hier ist Dämmerung grau. In Palästina ist sie rot wie Feuer." Elisha willigt ein.

Sie gehen nach Palästina. Elisha trainiert, nimmt teil an einem Überfall und wird trotz seiner Jugend bestimmt, eine Geisel zu erschießen – John Dawson, der als Vergeltung für die Gefangennahme eines palästinensischen Führers aufgegriffen wurde. Die Hinrichtung soll in der Dämmerung stattfinden. Jetzt sind die Rollen vertauscht: Elisha steigt in den unterirdischen Keller, um die Exekution durchzuführen. Dabei vermeint er ein Nazihakenkreuz auf seinem Arm zu verspüren; er fühlt sich als Mitglied jener SS-Truppe, die er einst so verabscheute. Er hofft, er könne John Dawson wenigstens hassen, weil das einen moralischen Grund für seine Tat abgeben könnte. Aber es gelingt ihm nicht, sich in Raserei zu versetzen. Er legt an und zielt. Und als die Kugel in Dawsons Kopf eindringt, denkt Elisha: „Das ist getan. Jetzt ist es getan, jetzt habe ich getötet." Und dann sagt er nicht: „Ich habe John Dawson getötet", sondern: „Jetzt habe ich Elisha getötet." Das Opfer ist zum Vollstrecker geworden, aber es zeigt sich, daß die Hinrichtung zur Selbsthinrichtung wurde – Mord als eine Variation von Selbstmord!

Elisha geht die Treppe hinauf, tritt aus dem Keller, und die Dämmerung ist nicht, wie Gad es versprochen hatte, eine Dämmerung „rot wie Feuer". Sondern: „Die Nacht läßt ein graues Licht in der Farbe abgestandenen Wassers zurück." Es ist immer noch die Dämmerung von Paris, nicht die Dämmerung eines neuen Landes, nicht die einer neuen Hoffnung. Für Elisha und E. Wiesel ist klar geworden, daß die Probleme der Vergangenheit nicht bewältigt werden dadurch, daß man die Rollen vertauscht.

In einem dritten Buch E. Wiesels mit dem Titel „Le Jour" (Der Tag) ist von einem anderen Überlebenden der Massenvernichtung die Rede. Er trägt E. Wiesels eigenen Namen, Eliezer, und es handelt sich dabei um einen Jungen, der noch immer in der Vergangenheit gefangen ist, ihr noch nicht entfliehen konnte. Hier ist die Rede von einem Unfall (der englische Titel des Romans lautet: „The Accident"), vom Überrolltwerden durch ein Taxi. Aber rückschauend erkennt Eliezer, daß es sich eigentlich gar nicht um einen Unfall handelt: Er hatte überhaupt nicht die Absicht gehabt, dem Taxi aus dem Weg zu gehen. Vielmehr sah er im freigewählten Tod die letzte Chance für seine Flucht aus der Vergangenheit. Er erlebte sich nur noch als einen Boten, als einen Sprecher der Toten unter den Lebenden. Er hatte das Empfinden, daß er jedem, dem er begegnete, nur noch den Tod bringen könne. Er findet kein Loch, der Vergangenheit zu entschlüpfen, um die Gegenwart zu bejahen. Er kann sich zu keinem Akt der Liebe überwinden, kann sich nicht zur Anteilnahme an irgendeiner Verpflichtung entschließen.

Eliezer hat einen Freund, einen Künstler namens Guyula, der verzweifelt versucht, ihn für das Leben zurückzugewinnen, der dafür kämpft, in ihm die Vergangenheit auszulöschen. Während Eliezer sich im Krankenhaus vom Unfall erholt, malt er sein Porträt. Und als das Bild Eliezer gezeigt wird, wird offenbar, daß hier Eliezers Geheimnis preisgegeben ist: Er war entschlossen zu sterben. Guyula fleht Eliezer an, Kathleen zu lieben, ihre Liebe zu erwidern. Um die notwendige Abkehr von der Vergangenheit dramatisch zu symbolisieren, entzündet er ein Streichholz und verbrennt das Gemälde. Der Versuch gelingt nicht. Denn als Guyula fortgeht, läßt er die Asche zurück. Noch ist die Vergangenheit da. Und diese Vergangenheit wirkt weiterhin zerstörend. Es sieht aus, als gäbe es kein Mittel, sie in den Griff zu bekommen, als gäbe es keinen Weg, neu zu beginnen, frei von der zerstörenden Gewalt der Vergangenheit.

So führt jeder dieser drei ersten Romane in eine Sackgasse, jeder auf eine andere Weise. Anders ist es dann in E. Wiesels viertem Buch: „The Town beyond the Wall" (Die Stadt jenseits der Mauer). Hier werden neue Möglichkeiten angedeutet, drei an der Zahl. Die eine ist der Wahnsinn – immerhin kann er schöpferisch ambivalent sein. Eine andere Möglichkeit ist die des Zuschauens. Sie erweist sich als völlig unmöglich. Die dritte Möglichkeit ist die der Teilnahme. Sie bietet allein die Chance eines Durchbruchs nach vorne.

Dieser Roman wurde angekündigt mit einem Wort Dostojewskis: „Ich habe einen Plan – ich werde wahnsinnig!" Und Wahnsinn wird in diesem Roman als ein weiterer Weg analysiert, sich mit dem abscheulichen Verbrechen auseinanderzusetzen. In manchen Romanen E. Wiesels sind Irre die wahre Quelle echter Weisheit. Und bei genauerem Zusehen scheinen zwei Arten von Wahnsinn zur Diskussion zu stehen. Da gibt es einerseits den „klinischen Wahnsinn", dort, wo der Betroffene jede Beziehung verweigert und schließlich in voller Abgeschiedenheit zu leben versucht. Natürlich ist auch dies eine Sackgasse. Auch hier gibt es keine Hoffnung.

Doch es gibt auch eine andere Art von Wahn. E. Wiesel spricht vom moralischen Wahnsinn. Es ist der Wahnsinn desjenigen, der sagen muß: „Wenn diese Welt der Massenvernichtung eine heile Welt genannt werden darf, dann überlaßt mich bitte dem Wahnsinn!" Anläßlich des Eichmannprozesses fuhr E. Wiesel nach Jerusalem. Dort war er erstaunt darüber, mit welcher Leichtigkeit es den Sachverständigen gelang, dem hohen Gericht die geistige Gesundheit Eichmanns zu bescheinigen. E. Wiesel schrieb: „Es kam mir der Gedanke, wenn dieser gesund sein sollte, dann muß ich für mich den Wahnsinn wählen. Für mich kann es keine gemeinsame Grundlage mit ihm geben. Wir können nicht ein und dasselbe Universum bewohnen und von ein und demselben Gesetz regiert werden." Aus der gleichen Logik entsteht die Frage: Wer war in der Welt der dreißiger oder vierziger Jahre wirklich geistig gesund und wer war wirklich wahnsinnig? Waren die bei gesundem Verstand, welche Säuglinge verbrannten? Oder waren es vielleicht doch jene, die sich, aus welchen Gründen auch immer, weigerten, diese Taten zu rechtfertigen oder gar sich selbst daran zu beteiligen? In E. Wiesels Roman trägt Mosche den Beinamen „der Verrückte", weil er den Menschen weismachen will, daß Juden verbrannt wurden, wo doch jeder weiß, daß es so etwas im 20. Jahrhundert überhaupt nicht geben kann. Mit anderen Worten: es ist die Frage gestellt, ob das Verhalten, das die Welt gemeinhin als Wahnsinn bezeichnet, vielleicht die echte Vernunft darstellt, da es die Dinge so sieht, wie sie wirklich sind, da es sich weigert, Werte und Vorbilder, die im heutigen Europa gelten, anzuerkennen. Menschen dieser Einstellung mögen einen höheren Grad an Vernunft haben als jene um sie herum, die sie für geisteskrank halten.

Eine andere wichtige Figur des Romans „Die Stadt jenseits der Mauer" ist Michael. Er kehrt nach dem Krieg zurück in seine Heimatstadt Szerencsevaros. Er ist sich dessen selbst nicht sicher, weshalb er das tut. Doch er weiß, daß er seinen Frieden mit der Vergangenheit an diesem Ort schließen muß, von dem er vor Jahren deportiert wurde. Anstatt zu versuchen, die Vergangenheit zu zerstören, wie es Guyula gegenüber Eliezer getan hatte, muß Michael seine Rettung finden, indem er sich der Vergangenheit stellt und ihr direkt begegnet. Plötzlich, als er den Marktplatz wieder betritt, den Ort, an dem vor Jahren die Deportation begann, geht ihm auf, wieso er hierher zurückkehren mußte: Er erinnert sich an ein Gesicht. Er sah es damals an einem Fenster. Er sah ein teilnahmsloses Gesicht. Es sah dem Abtransport zu. Sah einfach zu, ohne Zeichen von Rührung, von Bewegung, von Beklemmung. Das Gesicht eines Zuschauers.

Und Michael denkt darüber nach: „Das war es, was ich seit dem Krieg immer schon begreifen wollte. Wie kann ein Mensch gleichgültig bleiben? Ich habe die Henker verstanden. Ich habe auch die Opfer verstanden, wenngleich mir das viel schwerer gefallen ist. Aber was die anderen angeht, alle die anderen, jene, die weder dafür waren noch dagegen, jene, die sich in untätiger Geduld räkelten, jene, die sich sagten: der Sturm flaut auch wieder ab. Es wird alles wieder sein wie früher. Jene, die nur zuschauten, sie waren für mich unergründlich, sie sind für mich unbegreiflich."

Der Zuschauer wohnt noch immer in Szerencsevaros. Michael spricht mit ihm. Und er findet auch jetzt bei ihm weder Interesse noch Zorn. Und für sich selbst macht Michael eine schreckliche Entdeckung: Er kann den Zuschauer nicht einmal hassen. Hassen, das würde ja Menschlichkeit voraussetzen. Aber alles, was er zu fühlen vermag, ist Verachtung. Eine Verachtung, welche Menschlichkeit ausschließt. Auch dem Zuschauer wird dies bewußt, und er bemüht sich verzweifelt, gehaßt zu werden, denn Haß wäre zumindest eine Bestätigung seines Menschseins. Doch Michael weigert sich, ihm diese Genugtuung zu schenken. Das, Zuschauer sein und bleiben wollen, ist für E. Wiesel die verwerflichste Haltung, die denkbar ist. Derjenige, der sich einfach heraushält, derjenige, der nichts damit zu tun haben will, derjenige, der weder dafür noch dagegen sein möchte – er ist nicht nur unmenschlich, sondern er ist in Wirklichkeit der Feind, denn durch seinen Mangel an Einsatz unterstützt er jene, welche die schmutzige Tat tatsächlich ausführen.

Neben diesen Versuchen, mit der Vergangenheit fertig zu werden, bietet E. Wiesel im Roman „Die Stadt jenseits der Mauer" auch eine schöpferische Alternative, nicht in der Rolle des Opfers, nicht in der des Vollstreckers oder des Irren. Auch nicht in jener des Zuschauers. Es ist ein Verhalten, das man mit dem Ausdruck „gegenseitige Beziehung", „Identifizierung", vielleicht sogar mit „Liebe" umschreiben möchte. Ich möchte es als den Versuch der Teilnahme bezeichnen, als die Möglichkeit, sich für einen anderen zu entscheiden, auch angesichts des Risikos. Dieser Weg wird im Roman „Die Stadt jenseits der Mauer" dargestellt in der menschlichen Beziehung zwischen Pedro und Michael. Pedro ist ein Mann, der es Michael ermöglicht, eine Beziehung aufzubauen, das Empfinden gegenseitigen Vertrauens zu entdekken, ein Gefühl, das Michael seit dem Vernichtungslager niemals mehr einem anderen Menschen entgegenzubringen in der Lage war. Pedro und Michael beginnen zu entdecken, daß sie sich mitteilen können, daß sich im Mitteilen ihre eigene Person mit der des anderen verbindet. Im Augenblick der Trennung kann Pedro zu Michael sagen: „Ich werde diese Nacht nicht vergessen. Von jetzt an kannst du sagen: ‚ich bin Pedro' und ich: ‚ich bin Michael'." Dieses Gefühl der Verbundenheit und der Teilnahme macht Michael frei, und es ermöglicht ihm, wieder dem menschlichen Wagnis entgegenzusehen und sich ihm zu stellen. Bald wird er dazu aufgerufen.

Michael trägt diese kostbare Erkenntnis mit sich, auch als er sich kurz darauf wieder eingesperrt findet, zusammen mit einem Inhaftierten, der offensichtlich geisteskrank ist, völlig isoliert von der Umwelt, unfähig, irgendeine Reaktion zu zeigen. Michael erkennt, daß hier eine Beziehung aufgebaut werden muß, wenn nicht sie beide in kurzer Zeit von Wahnsinn umfangen sein sollen. Er führt eine imaginäre Unterhaltung mit Pedro. Dieser sagt ihm: „Erschaffe das Universum neu! Gib diesem jungen Mann seine Vernunft wieder! Heile ihn. Er wird dich retten." Das ist die schöpferische Möglichkeit, die Pedro in wenigen Worten anbietet: „Heile ihn. Er wird dich retten!" Der Geisteskranke braucht Michael. Michael braucht den geisteskranken Mitgefangenen. Beide müssen sich finden, müssen in eine Beziehung zueinander treten. Und so beginnt Michael eine Stelle zu suchen, an der ein Kontakt beginnen könnte. Und er sagt sich: einer von uns wird gewinnen, und wenn ich es nicht bin, sind wir beide verloren. Schließlich gelingt es Michael, kleine Funken von Reaktionen in dem anderen hervorzulocken, genug, um dem anderen, der noch nicht aufnahmefähig ist, sagen zu können: „Eines Tages wird das Eis brechen – du wirst mir deinen Namen nennen und mich fragen: wer bist du? Und ich werde antworten: ‚Ich bin Pedro'! Und das wird der Beweis dafür sein, daß der Mensch überlebt, daß er überdauert. Später, in einem anderen Gefängnis, wird jemand nach deinem Namen fragen und du wirst sagen: ‚Ich bin Michael.' Und dann wirst du den Geschmack echter Siege kennen."

Gegen Ende dieses Buches schreibt E. Wiesel über diesen Doppelgänger Michaels im Gefängnis: „Der andere trug den biblischen Namen Eliezer, was soviel bedeutet wie ‚Gott hat mein Gebet erhört'." – Es ist bemerkenswert, daß E. Wiesel diesem anderen seinen eigenen Namen gibt. Ich sehe darin eine Bestätigung, daß nach E. Wiesels Ansicht in der Beziehung zueinander, in der Anteilnahme, im Mitopfern ein Sinn zu finden ist, der den Menschen herausholt aus der Isolation der Abgesondertheit, aus der Rolle des Opfers, aus der Rolle des Vollstreckers, auch aus der Rolle des Zuschauers und des Irren. Und am Schluß dieses Buches weicht die Nacht, und die Dämmerung bricht an, nicht die fahle Dämmerung, die Eliezer grüßte, nachdem er John Dawson erschossen hatte, sondern eine wahrhaftige Dämmerung, voll vom neuen Versprechen eines anbrechenden Tages.

E. Wiesel ist in diesen Romanen einen außergewöhnlichen Weg gegangen. Die Stationen dieses Weges können illustriert werden durch den jeweiligen Schluß des Buches. Am Ende von „Night" schaut E. Wiesel in einen Spiegel und sieht sich selbst als einen Leichnam. Am Ende von „Dawn" blickt Eliezer in ein Fenster, und er sieht ebenfalls nur eine Widerspiegelung seiner selbst. Ein alter Mann hatte ihm gesagt: Wenn du in das Fenster schaust und ein Gesicht siehst, dann weißt du nicht, ob es noch Nacht ist. Am Ende von „Le Jour" schaut Eliezer wiederum nur ein Porträt seiner selbst. In all diesen Situationen ist die Hauptfigur in sich selbst verschlossen, starrt nur auf sich. Erst am Ende von „Die Stadt jenseits der Mauer" blickt Michael in das Gesicht eines anderen. Und in dieser gegenseitigen Beziehung, in dieser Teilnahme, wird deutlich, daß schöpferische Kraft und Heilung einsetzen.

Vielleicht darf ich noch anmerken, daß in einem weiteren Buch E. Wiesels – „The Gates of the Forest" (Die Pforten des Waldes) – die Hauptperson sich zusammengefunden hat mit einer kleinen Gruppe, um einen Gottesdienst zu feiern. Hier hat er seinen Weg zurückgefunden zur Mitte der chassidischen Gemeinde, und das Buch endet damit, daß Gavriel für seinen toten Freund betet und damit einer Beziehung Ausdruck verleiht, die über ihn selbst hinausreicht, ja sogar über andere Menschen hinaus zu dem Gott, dem er sein Gebet darbietet.

Spielt Gott noch eine Rolle? – Ich habe versucht,

zu zeigen, wie bei dem unermüdlichen Versuch, jenes Leben wiederaufzubauen, das in den Lagern gewaltsam zerstört wurde, wie in dem Ringen, menschliche Beziehungen neu zu knüpfen, die Wirklichkeit Gottes in das Leben des Betroffenen wieder einzusickern beginnt.

Doch wir sollten uns nicht vorschnell zu leichten Antworten hinreißen lassen. Es fällt nach wie vor schwer, über die Massenvernichtung zu sprechen. Es fällt nach wie vor schwer, über Gott zu sprechen, und noch schwerer fällt es nach wie vor, über beides in einem Atemzug zu sprechen, ohne sich der Gotteslästerung schuldig zu machen. Wie kann jemand jemals damit fertig werden? Ich darf hier an einen Satz von E. Wiesel erinnern, nach dem es die Fragen sind, die zählen, nicht die Antworten. Zu Recht verdächtigt er jene, die Antworten anbieten. Er erzählt von einem Teilnehmer am Eichmannprozeß, der gefragt wurde, ob man nunmehr einen Sinn hinter Auschwitz erkennen könne. Die Antwort lautete: ,,Ich hoffe, ich werde nie einen Sinn erkennen können." Auschwitz verstehen können wäre schlimmer, als es nicht verstehen zu können. Diese Reaktion ist wichtig. Wenn wir eine Vorstellung von Gott haben, in die Auschwitz irgendwie hineinpaßt, wenn uns eine Schöpfung in Übereinstimmung mit Auschwitz als denkbar erscheint, dann muß dieser Gott ein Ungeheuer sein, dann muß diese Schöpfung ein Alptraum sein jenseits aller Vorstellungskraft. Nichtsdestoweniger wird für uns oder auch für E. Wiesel dieses Dilemma aus dem Wege geräumt werden müssen. Wir müssen ringen mit Gott, in dessen Vorsehung Auschwitz mit seinen entsetzlichen Verbrechen eingeschlossen gewesen zu sein scheint. Und da stellt sich die Frage: wie kann ich einen Gott bejahen, in dessen „göttlichem Plan" diese Barbareien enthalten sind? Der wahre Zeitgenosse ist nicht der moderne Skeptiker, sondern der alttestamentliche Hiob, derjenige, der Gott Fragen zu stellen wagt.

Es gibt noch einen anderen Weg, sich dieser Zuordnung von Massenvernichtung und Gott zu nähern. Ich möchte darauf hinweisen, daß E. Wiesel, wenn er das Verhältnis von Mensch zu Mensch beschreibt, immer auch über das Verhältnis zwischen Mensch und Gott spricht. Jene Beziehung wirft ein Licht auch auf diese andere. Die chassidische Erzählung, mit welcher der Roman „Die Stadt jenseits der Mauer" schließt, zeigt, wie diese zweifache Dimension das ganze Denken E. Wiesels erfüllt.

Die Legende erzählt, daß der Mensch eines Tages zu Gott sprach: „Laßt uns tauschen. Du wirst Mensch und ich werde Gott sein. Nur für eine Sekunde." Gott lächelte und fragt: „Fürchtest du dich nicht?" „Nein. Du?" „Ja, ich fürchte mich", sagt Gott. Nichtsdestoweniger erfüllt er dem Menschen seinen Wunsch. Er wird Mensch, und der Mensch wird Gott. Und er bedient sich sofort seiner Allmacht: er weigert sich, in seinen vorherigen Zustand zurückzukehren. So waren weder Gott noch der Mensch das, was sie zu sein schienen. Jahre vergingen, Jahrzehnte. Vielleicht sogar Ewigkeiten. Schließlich beschleunigte sich das Drama. Für den einen war die Vergangenheit und für den anderen die Gegenwart schwer zu ertragen. Da die Befreiung des einen mit der Befreiung des anderen verknüpft war, erneuerten sie jenen uralten Dialog, dessen Echo in der Nacht zu uns dringt, in der Nacht, angefüllt mit Haß, mit Gewissensnot, mit allem unendlichen Verlangen. Was, wie Martin Buber sich ausdrückt, „zwischen Mensch und Mensch" geschieht, geschieht auch zwischen Mensch und Gott. Und die Kraft der einen Beziehung ist Maßstab für die andere Beziehung. Menachem, ein gläubiger Jude, der eine Zeitlang Michaels Mitgefangener war, formuliert E. Wiesels eigene, sehnsüchtige Frage, wenn er sagt: „Warum besteht Gott darauf, daß wir auf dem schwersten Wege zu ihm kommen?"

Ich sprach eingangs von R. Rubenstein und seiner Behauptung, nach Auschwitz könne man nicht mehr von Gott sprechen, höchstens noch vom Tode Gottes. In einem Gespräch mit ihm sagte E. Wiesel: „Ich muß es dir sagen, Dick, daß du die Menschen in den Lagern nicht verstehst, wenn du behauptest, es sei schwieriger, heute in einer Welt ohne Gott zu leben. Nein! Falls du Schwierigkeiten haben möchtest, entscheide dich dafür, *mit* Gott zu leben . . . Die wirkliche Tragödie, das wahre Drama ist das Drama derer, die heute noch glauben!"

Wenn es wahr ist, daß E. Wiesel auch dann über Gott schreibt, wenn er von Menschen erzählt, sollten wir uns die Pilgerfahrt dieses Mannes noch einmal ins Gedächtnis zurückrufen. Wir werden die faszinierende Entdeckung machen, daß alle Rollen, die E. Wiesel seinen Personen in ihrem Verhalten gegenüber dem furchtbaren Verbrechen zuschreibt, jenen Rollen gleichen, welche wir oft Gott zuteilen möchten.

Ich glaube sicherlich, daß heute viele mit R. Rubenstein die Ansicht vertreten, Gott sei angesichts der Wirklichkeit der Massenvernichtung selbst diesem Massenmord zum Opfer gefallen. Die Erforschung dieses Ausrottungsversuches am jüdischen Volk und das Verhalten der Menschheit nach jenen Ereignissen führt zu der Behauptung: Gott ist tot. Zweifellos wurde diese Formel lange vor der Massenvernichtung geprägt, doch jenes Ereignis hat ihr endgültiges Siegel auf diesen Urteilsspruch gedrückt. Ein Gott, der seines Namens wert sein will, kann solches nicht überleben. Gott selbst ist das Opfer geworden.

Es gibt auch andere, die – ob sie es wollen oder nicht – Gott so sehr in die Nähe des Henkers gerückt haben, daß Gott selbst letztlich der Urheber auch dieses Bösen war. Diese Schlußfolgerung ist für die christliche Theologie fast nicht zu vermeiden, denn für jeden Theologen, der den Glauben an einen allmächtigen Gott fordert, ist es äußerst schwierig, der Schlußfolgerung auszuweichen, ein gewaltiger Gott wäre im Grunde für das Böse mitverantwortlich.

Es gibt andere Stimmen, die dazu neigen, von einem wahnsinnigen Gott zu sprechen oder von einem teuflischen Schöpfer. Auch E. Wiesel hat einem seiner Werke den Titel gegeben „Zalman oder Der Wahnsinn Gottes". Er geht darin dieser Vorstellung nach, daß es einen Gott geben könne, dessen Gedanken und Pläne derartig grundverschieden sind von dem, was in der Welt als möglich oder als gut gedacht werden kann, so daß man zum Ergebnis kommen müßte: Gott und die Welt sind schlechthin unvereinbar. Das könnte ein Trost sein. Es kann aber auch zur Quelle neuer Verzweiflung werden.

Oder: man könnte sich Gott als einen Zuschauer vorstellen! Der vorrangige Eindruck dieses Denkens ist: Gott lebt weit ab von uns. Er hat sich völlig zurückgezogen. Entweder kann er nichts tun gegen das Böse in der Welt, oder er weigert sich, etwas dagegen zu tun. In beiden Fällen ist Gott nur Zuschauer. Ich glaube, dies ist es, womit auch E. Wiesel ringt, wenn er über Gottes Schweigen spricht angesichts des Rufens nach einem Sinn. Und so wie über keinen Menschen etwas Schlimmeres gesagt werden kann, als daß er nur die Rolle des bloßen Zuschauers einnimmt, so wäre auch die vernichtendste Anklage gegenüber Gott jene, daß wir es mit einem Gott zu tun haben, der weiß, was vor sich geht, aber nicht gewillt ist, etwas dagegen zu unternehmen.

Eine weitere Möglichkeit besteht: man kann Gott begreifen als einen, der mit teilnimmt an dem Kampf gegen das Böse. Dies wird der Weg sein, auf den sich E. Wiesels Denken hinbewegt. In jener Darstellung der Wechselbeziehung zwischen Michael und Pedro einerseits und zwischen Michael und dem schweigenden Gefangenen in seinem Roman „Die Stadt jenseits der Mauer" kann man spüren, daß ein Geben und Nehmen, ein Miteinanderteilen, ein Wagnis zur Liebe, oder was auch immer mit dem Wort „Gott" gemeint sein mag, unterschwellig, fast schemenhaft vorhanden ist. Und das Thema wird von E. Wiesel weiterverfolgt in einem späteren literarischen Werk: „Ani Maamin", in welchem relativ deutlich Gebrauch gemacht wird von messianischen Symbolvorstellungen, um den Anspruch zu erheben, Gott müsse zumindest seinen Anteil der Verantwortung für den elenden Zustand seiner Schöpfung auf sich nehmen.

„Ani Maamin" ist ein Libretto für eine Kantate, die Darius Milhaud kurz vor seinem Tode noch vertonte. Die Texte stammen aus dem Glaubensbekenntnis des Maimonides: „Ich glaube an das Kommen des Messias." Und wie – fragt E. Wiesel – kann ein Jude heute noch dieses Lied singen? Ist es nicht verlorengegangen in jenen Lagern? Wie kann es sein, daß alle, die auf den Messias gehofft haben, in ihrem Glauben fortfahren können, nachdem dieser Glaube doch keine Rechtfertigung empfangen hat. Kann man noch auf Rechtfertigung hoffen? Was muß noch geschehen, um den Messias herbeizurufen, wenn Gott tatsächlich um uns besorgt ist?

Auf dem Hintergrund solcher Fragen erzählt E. Wiesel erneut die alte Midrasch-Legende, nach der Abraham, Isaak und Jakob vom Himmel zur Erde herabkommen, um herauszufinden, was da eigentlich vor sich geht, um dann vor dem göttlichen Thron Bericht zu erstatten. In der Erzählung von E. Wiesel findet dieser himmlische Besuch statt während der Zeit der Massenvernichtung. Die Patriarchen erstatten vor Gott Bericht. Aber wie eindringlich sie auch sprechen, wie qualvoll sie auch den Greuel beschreiben, nichts als Schweigen herrscht am göttlichen Thron. Nichts, nur Schweigen.

Hier spitzt sich die messianische Erwartung für E. Wiesel zu in der Frage: Warum kommt der Messias nicht, wenn die Welt doch so böse ist? Was muß noch geschehen, um ihn herauszulocken? Sind 6 Millionen Tote noch nicht genug? Und selbst, angenommen er käme jetzt nach diesen 6 Millionen Toten, wäre es da nicht zu spät, auch für ihn? Das ist die jüdische Form dieser Fragestellung. Aber ich stellte fest, daß es auch eine christliche Form dieser Fragestellung gibt, die genau die gleichen Probleme in sich birgt. Wenn der Jude fragt: „Die Welt ist so böse – warum erscheint der Messias nicht?" –, dann lautet die christliche Form der Frage: „Der Messias ist gekommen – wie kann die Welt so böse sein?" In einer vermeintlich erlösten Welt ist die Erlösung wahrhaftig nicht sonderlich offenbar geworden. Vielleicht kommt die Zeit, wo Juden und Christen in diesem Punkt ihrer größten Uneinigkeit, nämlich der gegensätzlichen Auslegung der messianischen Erwartung, mit dem Eingeständnis beginnen müssen, daß sie vor allen anderen Religionen der Welt sich mit diesem gemeinsamen Problem auseinanderzusetzen haben. Beide sind sich einig, daß ein Zuschauer-Gott wirklich eine theologische Unmöglichkeit ist, daß es in diesem Fall unmöglich sein würde, über Liebe zu sprechen, über Anteilnahme, über Mitfühlen, über Mitleiden.

Um auf das Libretto von E. Wiesel zurückzukommen, auf seine Erzählung von der Berichterstattung durch die Patriarchen vor dem Throne Gottes: Als die Geduld der Patriarchen am Ende ist, als sie sich aufmachen, den Kindern der Erde zu künden von der göttlichen Gleichgültigkeit – da erzählt jeder von ihnen vor Gottes Thron noch die Geschichte eines Juden, der festhält an seinem Glauben, der beharrt in seinem Gottvertrauen, allem zum Trotz, entgegen jeder Übermacht, eigentlich ohne jeden einsichtigen

Grund für sein Verhalten. Und das, so berichtet der Erzähler, bricht das Eis der göttlichen Teilnahmslosigkeit. Die drei Erzählungen der Patriarchen, die sich jeweils noch steigern in der Schilderung des Unheils, der Gleichgültigkeit Gottes und der Festigkeit im Glauben, rühren Gott zu Tränen, zu Tränen der Liebe.

Abraham, Isaak und Jakob wenden sich um, zur Erde zurückzukehren. Und es heißt: „Sie verlassen den Himmel und sehen nicht – sie können es nicht sehen, daß sie nun nicht mehr allein sind. Gott begleitet sie, weinend, lächelnd, flüsternd: „Meine Kinder, sie haben mich besiegt, sie verdienen meine Dankbarkeit."

Dies ist keine Gewaltlösung, die alles wieder ins Lot bringt. E. Wiesel schreibt unmittelbar darauf: „Das Wort Gottes muß weiterhin vernommen werden. Ebenso das Schweigen seiner toten Kinder." Aber, dies ist eine machtvolle Beschwörung dieses Themas aus der Sicht des Anteilnehmenden, und wir dürfen so vermessen sein, diese Anteilnahme auch Gott zuzuschreiben.

Ich habe von E. Wiesel berichtet, von den verschiedenen Stadien seines Ringens mit dem Problem der Massenvernichtung. Manche haben sich damit abgefunden, daß sie Opfer geworden sind. Andere mögen angesichts der Unermeßlichkeit des Bösen kapitulieren, vielleicht selbst zu Handlangern des Bösen geworden sein, bereit, selbst die Rolle des Henkers zu übernehmen. Manche mögen sich entschieden haben für den Selbstmord oder für den Wahnsinn, als ihre Weise, mit diesen Problemen fertig zu werden. Andere mögen letztlich sich dafür entschieden haben, sich herauszuhalten, doch die Rolle des Zuschauers zu übernehmen, vielleicht sogar unter dem Vorwand, all dieses Böse sei in Wirklichkeit nur Erfindung, sei überhaupt nicht Wirklichkeit gewesen. Der eine oder andere mag darauf beharren, daß es entscheidend ist, sich auf die Seite derer zu stellen, die Opfer oder mögliche Opfer sind, und das auszudrücken in Beweisen der Anteilnahme, der Identifikation und des Mitleidens, wie schwach sein Bemühen auch sein mag, doch überzeugt davon, daß nur so ein Widerstand geschaffen werden kann, dessen wirkliche Stärke in der scheinbaren Ohnmacht liegen mag. Wer das tut, er mag es zugeben oder nicht, muß mit Gott ringen, welchen Ausdruck für diesen Sachverhalt er auch für sich selbst wählt.

Alle diese Möglichkeiten, auf das Faktum der Massenvernichtung zu reagieren, bergen in sich eine weitere Chance: wir können auf dieses entsetzliche Verbrechen auch damit antworten, daß wir es uns bewußtmachen, daß wir darüber sprechen, daß wir allen Menschen ans Herz legen: wenn ihr auch alles andere vergessen solltet, vergeßt doch dieses eine Verbrechen nicht, damit es nie wieder geschehe!

Es wurde die Frage gestellt, ob ein so einzigartiges Geschehen, ein Ereignis, das seinesgleichen nirgends findet, überhaupt so vermittelt werden kann, daß es Menschen in einer fremden Situation anspricht und verständlich wird in seinem ganzen Ausmaß. Es gibt Stimmen, die meinen, dies gehe nicht, dies gehe sicherlich nicht bei einem Geschehen wie dem Massenmord am jüdischen Volk. Sie befürchten, daß jeder Versuch der Vermittlung, des Weitererzählens jenes

113

einmalige Ereignis notwendigerweise herunterspielt auf eine Ebene mit anderen Ereignissen, obwohl es doch unvergleichbar sei.

Ich kann dem nicht zustimmen, aber ich lasse mich gerne eines Besseren belehren, wenn meine Argumente nicht überzeugen können.

Sicherlich können wir die Massenvernichtung nie rechtfertigen – genaugenommen gilt dies für jedes Verbrechen. Wir sind empört und müssen es bleiben. Wir müssen dem Hang widerstehen, uns in die Gleichgültigkeit abtreiben zu lassen. Je größer der zeitliche Abstand wird, desto stärker wächst die Verführung dazu. Aber ich meine auch, wir haben nicht nur die Möglichkeit, sondern sogar die Pflicht, selbst einem Ereignis wie dem der Massenvernichtung so etwas wie einen kreativen, einen schöpferischen Sinn abzugewinnen.

Wir sind es gewohnt, auf große positive Ereignisse der Vergangenheit hinzuweisen und in deren Licht unsere Geschichte und unser Leben zu begreifen. Ich erinnere an Moses, der vor dem Pharao steht: „Laß mein Volk ziehen, spricht der Herr!" Ich erinnere an den Auszug aus Ägypten, an die Gesetzgebung am Berge Sinai. Ich erinnere an den Propheten, der im Exil singt: „Tröste, tröste mein Volk, spricht dein Gott!"

Ähnlich, meine ich, sollten wir auch den Finger auf die Wunden unheilvoller Geschehnisse der Vergangenheit legen. Mit der gleichen Leidenschaft, mit der wir dazu aufrufen, dem Guten, dem Großen nachzueifern, und uns an den Sternstunden der Menschheit aufrichten, mit gleicher Leidenschaftlichkeit müssen wir uns selbst und unsere Mitmenschen auffordern,

uns auch der nachtschwarzen Kapitel der Menschheitsgeschichte bewußt zu werden, und diese Ereignisse so weit von uns weisen, daß sie sich nicht noch
einmal wiederholen können.

Ich hoffe, daß die Flammen von Auschwitz kraftvoll genug sind, um auch sonst dunkle Nischen unseres Gewissens und unseres moralischen Bewußtseins
auszuleuchten. Sie sollten kraftvoll genug sein, daß
wir menschliche Teufeleien auch dort sehen, wo man
sie leicht übersehen könnte. Ich hoffe, daß die Feuer
von Auschwitz die Sinne schärfen, daß wir auch Judenverfolgungen neuerer Zeit – etwa in Rußland –
wahrnehmen und als solche auch erkennen. Ich hoffe,
daß sie die Sinne schärfen für die bedrohte Existenz
des Staates Israel, daß sie die Sinne schärfen, wenn es
um antisemitische Äußerungen geht, gleich, von wo
aus sie ausgestreut werden.

Vor einiger Zeit besuchte ich Chile, Argentinien
und andere lateinamerikanische Länder. An der Oberfläche schien alles in Ordnung, so wie auch in
Deutschland 1933 alles in Ordnung schien. Aber im
Schein der Feuer von Auschwitz wurde mir klar, daß
nicht alles in Ordnung war. Da gab es Verhaftungen,
da gab es das „Verschwinden", es gab Beschlagnah-
mung und Folter. Alle diese Merkmale teuflischer
Verschlagenheit sind unter der Oberfläche vorhanden
und wirksam. Sichtbar jedoch nur für jene, die bereit
sind, auch unter diese Oberfläche zu blicken.

Letztlich, so glaube ich, werden wir durch die Massenvernichtung zu der gewagten Vorstellung heraus-
gefordert, daß ein Verbrechen wenigstens darin einen
Sinn finden kann, daß es andere Verbrechen verhin-

dert. Falls wir dies bejahen können, besteht Hoffnung. Die Massenvernichtung am jüdischen Volk – an sich ein Verbrechen ungeheuren Ausmaßes – müßte ein Signalfeuer sein und werden, in dessen Licht wir uns davor wappnen können, daß sich solche Taten noch einmal ereignen, ganz gleich gegen wen, ganz gleich wo auf der ganzen Welt.

So schauen Menschen wie E. Wiesel nach Israel, aber sie blicken auch nach Vietnam, nach Chile, nach Bangladesch, sie suchen nach jedem Schauplatz menschlichen Leidens. Ich glaube nicht, daß ein Volk für sich sagen könnte: ,,Unser Schmerz allein ist es, der zählt!'' Aber ich glaube, es gibt ein Volk, das sagen kann: Gerade wegen des Maßes der erlittenen Schmerzen wissen wir, daß es nirgendwo Schmerz geben darf, dem wir gleichgültig gegenüberstehen dürfen.

Eine tiefe Weisheit liegt in den Ratschlägen, die Azriel in dem Roman ,,Der Schwur von Kolvillág'' gibt: ,,Gut'', sagt er, ,,du hoffst das Böse zu besiegen? Also! Beginne damit, deinem Nächsten zu helfen! Triumph oder Tod? Ausgezeichnet! Beginne damit, deinen Bruder zu retten! Denn jede Wahrheit, die dich einsperrt, die dich nicht zu dem anderen führt, ist unmenschlich!''

Kann man, aus der Asche, aus Vernichtung und Bitterkeit kommend, etwas anderes tun, als Asche und Bitterkeit bejahen? Man kann es. E. Wiesel ist unser Beweis. Er hat es verdient, daß man ihm zuhört. Mit einer Erzählung aus seinem Munde möchte ich schließen.

,,Als Rabbi Ishmael, einer der Zehn Martyrer des Glaubens in römischer Zeit, zur Hinrichtung geführt wurde, hörte man die himmlische Stimme rufen: ‚Ishmael! Ishmael, falls du eine einzige Träne vergießen solltest, werde ich das ganze Universum in das Chaos zurückwerfen!'

Und der Midrash berichtet, Rabbi Ishmael sei ein ‚Gentleman' gewesen. Er weinte nicht. Lange Zeit konnte ich dies nicht verstehen. Warum hat er nicht geweint? Zur Hölle damit! Wenn dieser Preis zu zahlen war – was hatte er davon? Wer will eine solche Welt? Wer will in ihr leben?

Aber es gibt Gründe, warum der Rabbi nicht weinte. Einmal: er war ein Märtyrer. Außerdem: er war gehorsam. Und drittens: er wollte uns allen eine Lektion erteilen über den Juden: Ja! Ich könnte die Welt vernichten! Und die Welt verdient es, vernichtet zu werden. Aber Jude sein heißt jeden erdenkbaren Grund haben, die Welt zu vernichten und sie dann doch nicht zu vernichten. Jude sein heißt jeden erdenkbaren Grund haben, die Deutschen zu hassen und sie dann doch nicht zu hassen. Jude sein heißt tausend Gründe haben, den Kirchen zu mißtrauen und sie dann doch nicht zu hassen. Jude sein heißt jeden erdenkbaren Grund haben, nicht an die Sprache, nicht an den Gesang, nicht an das Gebet und nicht an Gott zu glauben und doch fortzufahren, jede Geschichte zu erzählen, jeden Dialog weiterzuführen und seine eigenen stillen Gebete zu haben und seinen eigenen stillen Kampf mit seinem Gott!"

Zum Autor dieses Beitrags:
Robert McAfee Brown ist Professor für ökumenische Theologie am Union Theological Seminary in New York. Er wurde be-

kannt durch verschiedene Veröffentlichungen zu theologischen Problemstellungen und ist aktiv tätig in Angelegenheiten des Weltkirchenrates. Als anerkannte Autorität für interkonfessionelle Beziehungen war er auch Beobachter beim Zweiten Vatikanischen Konzil in Rom.

II. Konsequenzen

Ökumene nach Auschwitz

Zum Verhältnis von Christen und Juden in Deutschland *

Von Johann Baptist Metz

1. Moralische Auffassung von Tradition

Ich bin kein Fachmann für die christlich-jüdische Ökumene. Wenn ich mich gleichwohl zu dieser Frage äußere, dann nicht zuletzt deswegen, weil ich nicht so recht weiß, was es heißt, angesichts der Katastrophe von Auschwitz ein „Fachmann" zu sein. Damit ist schon der Name gefallen, ohne den das Verhältnis zwischen Juden und Christen in diesem Land – wie schließlich überhaupt – nicht mehr formuliert und bestimmt werden darf. Der Name, von dem deshalb hier nicht abgegangen, der hier in keinem Augenblick vergessen werden soll, gerade weil er, eben in der Art, in der wir hierzulande, auch als Christen, Geschichte zu bewältigen pflegen, bereits historisch zu werden droht – so als könnte dieser Name, gleich anderen, in eine vorgefaßte und übergreifende Geschichte eingerückt und eingeordnet und damit erfolgreich dem

---

* Der Text bietet die überarbeitete und erweiterte Fassung eines Vortrags, den der Verfasser zunächst bei einer Veranstaltung des Deutschen Koordinierungsrates für christlich-jüdische Zusammenarbeit beim Katholikentag in Freiburg und dann bei einer ökumenischen Feier anläßlich des Reformationstages in Frankfurt gehalten hat.

Vergessen oder – was schließlich auf das gleiche hinauskäme – dem selektiven feierlichen Eingedenken ausgeliefert werden: *Auschwitz*, hier vor allem symbolisch gemeint für das Grauen des millionenfachen Mordes am jüdischen Volk.

Auschwitz betrifft uns alle. Das Unbegreifliche an ihm sind ja nicht nur die Henker und ihre Erfüllungsgehilfen, ist nicht nur die Apotheose des Bösen in ihnen und nicht nur das Schweigen Gottes. Unbegreiflich, manchmal noch irritierender ist m. E. das Schweigen der Menschen: das Schweigen all derer, die zugeschaut oder weggeschaut und dadurch dieses Volk in seiner Todesnot einer unsagbaren Einsamkeit ausgeliefert haben. Ich sage das nicht denunziatorisch, sondern mit Trauer. Ich sage das auch nicht, um etwa den zweifelhaften Begriff einer Kollektivschuld wieder zu Ehren zu bringen. Ich plädiere für eine, wenn ich so sagen darf, moralische Auffassung von Tradition: man kann der Geschichte nur trauen, ihr nur dann Maßstäbe für das eigene Handeln abgewinnen, wenn man die Niederlagen in ihr nicht leugnet und die Katastrophen nicht beschönigt. Ein Geschichtsbewußtsein haben und aus ihm zu leben versuchen heißt, gerade den Katastrophen nicht ausweichen, heißt auch, jedenfalls *eine* Autorität niemals aufkündigen oder verächtlich machen: die Autorität der Leidenden. Dies gilt in unserer christlichen und deutschen Geschichte, wenn irgendwo, für Auschwitz. Das jüdische Schicksal muß moralisch erinnert werden – gerade weil es bereits rein historisch zu werden droht.

2. Auschwitz als Ende und Wende?

Die Frage, ob es zu einer Reformation, zu einer Umkehr aus der Wurzel im Verhältnis zwischen Christen und Juden kommt, entscheidet sich zumindest in diesem Lande letztlich immer wieder daran, wie wir Christen uns zu Auschwitz verhalten, wie wir Christen es für uns selbst einschätzen. Ob wir es also wirklich das Ende, die Unterbrechung sein lassen, die es war, die Katastrophe unserer Geschichte, aus der man nur durch eine radikale Wende, anhand von neuen Maßstäben herausfindet, oder ob es uns doch nur als ein monströser Betriebsunfall in dieser Geschichte gilt, der ihren Lauf nicht berührt.

Was ich persönlich meine, als Ende und Wende für uns Christen, möchte ich durch eine Gesprächserinnerung verdeutlichen. Ende 1967 fand in Münster eine Podiumsdiskussion zwischen dem tschechischen Philosophen Milan Machovec, Karl Rahner und mir statt. Gegen Ende des Gesprächs erinnerte Machovec an Adornos Wort „Nach Auschwitz gibt es keine Gedichte mehr" (an dieses Wort, das heute allenthalben als übertrieben und längst dementiert gilt – zu Unrecht, wie ich meine, jedenfalls wenn man es auf die Juden selbst bezieht: Sind nicht Paul Celan, Thadeus Borowski, Nelly Sachs u. a., allesamt zum Dichten wie kaum andere geboren, schließlich an der Unaussprechlichkeit dessen, was in Auschwitz geschah und wovon doch zu reden gewesen wäre, zugrunde gegangen?), Machovec also zitierte Adornos „Nach Auschwitz gibt es keine Gedichte mehr", und er fragte mich, ob es denn für uns Christen nach Auschwitz noch Gebete geben könne. Ich hatte schließlich geantwortet, was ich auch heute antworten würde: Wir können *nach* Auschwitz beten, weil auch *in* Auschwitz gebetet wurde.

Nimmt man diese Auskunft exklusiv, mag sie ebenso übertrieben klingen wie Adornos Wort. Ich halte sie indes für keine Übertreibung. Wir Christen kommen niemals mehr hinter Auschwitz zurück; über Auschwitz hinaus aber kommen wir, genau besehen, nicht mehr allein, sondern nur noch mit den Opfern von Auschwitz. Das ist in meinen Augen die Wurzel der jüdisch-christlichen Ökumene. Die Wende im Verhältnis zwischen Juden und Christen entspricht der Radikalität des in Auschwitz hereingebrochenen Endes. Nur wenn wir ihm standhalten, werden wir erkennen, was es um das „neue" Verhältnis zwischen Juden und Christen ist oder doch sein könnte.

Auschwitz standhalten heißt keineswegs, es begreifen. Wer hier begreifen wollte, hätte nichts begriffen. Unbegreiflich, wie es uns aus unserer jüngsten Geschichte entgegenstarrt, entzieht es sich jedem Versuch, sich mit ihm schiedlich-friedlich zu versöhnen und es dann aus unserem Bewußtsein zu verabschieden. ‚Objektiv' sind hier nur die Affizierten, die Trauernden. Und die Büßenden. Angesichts von Auschwitz gibt es keine Stimmenthaltung, keine Verhältnislosigkeit; sie wäre, wo sie versucht wird, schon wieder geheime Komplizenschaft mit dem unbegriffenen Grauen.

Wie aber sollen wir Christen damit fertig werden? Wir werden es uns jedenfalls versagen, das Leiden des jüdischen Volkes von uns aus heilsgeschichtlich zu deuten. *Wir* haben dieses Leid in keinem Fall zu mystifizieren! *Wir* begegnen in diesem Leid zunächst nur dem Rätsel unserer eigenen Fühllosigkeit, dem Geheimnis unserer eigenen Apathie, nicht aber den Spuren Gottes.

Ich halte jede christliche Theodizee (also jeden Versuch der sog. „Rechtfertigung Gottes") und jede Rede von „Sinn" im Angesichte von Auschwitz, die außerhalb oder oberhalb dieser Katastrophe ansetzt, für Blasphemie. Sinn, gar göttlichen, gibt es da für uns nur insoweit anzurufen, als er auch in Auschwitz selbst nicht preisgegeben wurde. Das aber heißt, daß wir Christen um unserer selbst willen fortan auf die Opfer von Auschwitz angewiesen sind – und zwar in einem geradezu *heilsgeschichtlichen* Bündnis, wenn das Wort „Geschichte" in dem christlichen Wort „Heilsgeschichte" einen bestimmten Sinn behalten und nicht nur als Vorwand für eine triumphalistische Heilsmetaphysik fungieren soll, die niemals aus Katastrophen lernt, nie in Katastrophen sich wendet, weil es für sie solche Sinnkatastrophen eigentlich gar nicht gibt.

Dieses heilsgeschichtliche Bündnis müßte schließlich auch das wurzelhafte Ende jeder Verfolgung von Juden durch Christen bedeuten. Wenn es je wieder eine Verfolgung gäbe, könnten sie eigentlich nur gemeinsam verfolgt werden, Juden *und* Christen, wie es einmal in den Anfängen war: Die frühen Christenverfolgungen waren bekanntlich auch Judenverfolgungen; beide wurden, weil sie sich gemeinsam weigerten, den römischen Kaiser als Gott anzuerkennen und damit die Grundlagen der politischen Religion Roms in Frage stellten, als „Atheisten" und „Hasser des Menschengeschlechtes" gebrandmarkt und zu Tode verfolgt.

3. Jüdisch-christlicher Dialog im Eingedenken von Auschwitz

Wenn man die Zusammenhänge so sieht, kann sich die Frage, ob die Christen in ihrem Verhältnis zu den Juden nun endlich von der Missionierung zum Dialog übergehen, eigentlich nicht mehr stellen. Selbst „Dialog" scheint als Kennzeichnung dieses Zusammenhangs eher schwach und unangemessen. Immerhin, was heißt Dialog zwischen Juden und Christen im Eingedenken von Auschwitz? Diese Frage zu stellen scheint mir wichtig, obwohl, nein: weil der christlich-jüdische Dialog z. Z. Konjunktur hat und weil es zahlreiche Organisationen und Institutionen gibt, die sich um ihn bemühen.

1. Jüdisch-christlicher Dialog im Eingedenken von Auschwitz heißt für uns Christen zunächst: Nicht wir haben das erste Wort, nicht wir eröffnen diesen Dialog. *Opfern bietet man keinen Dialog an.* Zu einem Gespräch kann es nur kommen, wenn die Opfer selbst zu sprechen beginnen. Und dann ist es unsere erste Christenpflicht, zuzuhören, *endlich einmal zuzuhören*, dem, was Juden von sich selbst und über sich selbst sagen. Täusche ich mich, wenn ich den Eindruck habe, daß wir Christen in diesem Dialog selbst schon wieder viel zuviel reden, viel zuviel von uns

und *unseren* Vorstellungen über das jüdische Volk und seine Religion? Daß wir schon wieder viel zu schnell Vergleiche anstellen, situations- und gedächtnislose, subjektlose Vergleiche, „dogmatische Vergleiche", wohlwollender zwar und versöhnlicher gestimmt als früher, aber ebenso ahnungslos, weil wir schon wieder nicht hinhören, so daß schließlich das Gespräch, das noch nie wirklich gelungen war, auch diesmal wieder zu scheitern droht –? Weil wir schon wieder nicht hinsehen und lieber über „das Judentum" als zu „den Juden" sprechen?

Haben wir in den letzten Jahrzehnten wirklich zugehört, hingehört? Wissen wir heute tatsächlich mehr von den Juden und ihrer Religion? Hören wir aufmerksamer die Prophetie ihrer Leidensgeschichte? Oder fängt die Ausbeutung nicht schon wieder an, diesmal sublimer, weil unter dem Zeichen der Judenfreundlichkeit? Jene Beraubung etwa, die geschieht, wenn wir Textstücke der jüdischen Tradition als Illustrationsmaterial für unsere christliche Predigt herausgreifen, wenn wir mit Vorliebe Chassidische Geschichten zitieren – ohne auch nur einen Gedanken auf jene Leidenssituation zu verwenden, aus der sie entstanden sind und die offensichtlich zu ihrer Wahrheit gehört?

2. Für den Dialog zwischen Juden und Christen gibt es keine vorgefaßten Muster, die aus dem vertrauten Repertoire der innerchristlichen Ökumene abzuholen wären. Alles ist an Auschwitz zu messen. Auch unsere christliche Art, die *Wahrheitsfrage* ins Spiel zu bringen. Ökumene, so hört man sagen, könne niemals an der Wahrheitsfrage vorbei gelingen, sie müsse sich

deshalb immer wieder an ihr orientieren. Gewiß. Aber sich der Wahrheit stellen heißt hier zunächst: der Wahrheit von Auschwitz nicht ausweichen und die Entschuldigungsmythen und Verharmlosungsmechanismen, die längst unter Christen grassieren, rückhaltlos entlarven. Das wäre ökumenischer Dienst an der einen Wahrheit! Im übrigen empfiehlt sich für Christen gerade im Gespräch mit den Juden ein höchst sensibler Umgang mit dem Begriff der Wahrheit. Zu oft nämlich wurde er bzw. das, was Christen allzu sieghaft und mitleidlos für ihn ausgaben, zur Waffe, zur Folter und zum Verfolgungsinstrument gegenüber den Juden. Das keinen Augenblick zu vergessen gehört auch zur Wahrheitspflege im christlich-jüdischen Dialog!

Und auch dies: daß wir Christen vorsichtiger sind mit großen Worten über uns selbst und großen Vergleichen in diesem christlich-jüdischen Dialog. Wer wagte es, angesichts von Auschwitz unser Christentum die „eigentliche" Religion der Leidenden, die „eigentliche" Religion der Verfolgten, die „eigentliche" Religion der Zerstreuten zu nennen? Vorsicht und Diskretion, die ich hier meine, das theologische Sparsamkeitsprinzip, das ich hier empfehle: dies alles hat nichts mit Defätismus gegenüber der Wahrheitsfrage zu tun. Es ist Ausdruck des Mißtrauens gegenüber einer situations- und gedächtnislosen, sog. rein lehrhaften Ökumene. Nach Auschwitz darf es eigentlich keinen subjekt- und situationslosen theologischen „Tiefsinn" mehr geben. Er wäre die eigentliche theologische Oberflächlichkeit! Mit Auschwitz ist das Zeitalter der subjekt- und situationslosen theologischen Systeme endgültig abgelaufen! Deshalb auch zögere ich bei allen noch so wohlgemeinten und milde gestimmten systematischen Lehrvergleichen, bei allen Versuchen, „das theologisch Gemeinsame" herauszustellen. Mir geht das alles zu schnell. Hat es im übrigen diese Gemeinsamkeiten nicht schon immer gegeben? Und warum haben sie die Juden nicht vor der aggressiven Verachtung der Christen bewahren können? Liegen hier die Probleme nicht tiefer? Kann unsere Theologie vor und nach Auschwitz je die gleiche sein?

3. Noch in anderer Hinsicht fällt das jüdisch-christliche Gespräch nach Auschwitz aus jeder ökumenischen Schablone. Der jüdische Partner in diesem gesuchten neuen Verhältnis wäre m. E. nicht nur der im konfessionellen Sinn religiöse Jude, sondern *der von Auschwitz bedrohte Jude überhaupt.* Jean Améry hat es kurz vor seinem Tode so gesagt: „Im Höllenkreis (von Auschwitz) wurden nun die Unterschiede erst so recht spürbar und brannten sich uns in die Haut wie die tätowierten Nummern, mit denen man uns zeichnete. Alle ‚arischen' Häftlinge befanden sich im Abgrund noch auf einer nur nach Lichtjahren zu messenden Höhe *über* uns, den Juden... Der Jude war das Opfertier. Er hatte den Kelch zu trinken – bis zum allerbittersten Ende. Ich trank. Und dies wurde mein Judesein."

4. Christentum und Theologie nach Auschwitz

Natürlich hängt die gesuchte Ökumene zwischen Christen und Juden nicht nur an der Bereitschaft der Christen, endlich zuzuhören und die Juden als Juden, d. h. als jüdisches Volk und als jüdische Geschichte, zu Wort kommen zu lassen. Sie enthält auch ein tiefgreifendes *theologisches* Problem, nämlich die Frage, ob und inwieweit das Christentum bereit und fähig ist, die messianische Tradition des Judentums in ihrer unüberholten Eigenständigkeit, sozusagen in ihrer fortdauernden messianischen Dignität anzuerkennen – ohne daß das Christentum das von ihm vertretene christologische Geheimnis verrät oder herabsetzt. Diese Frage ist wiederum nicht abstrakt zu erörtern, sondern im Eingedenken von Auschwitz. *Muß nicht Auschwitz der Anlaß für eine radikale Rückfrage des Christentums und der Theologie nach sich selbst sein*, eine Rückfrage, ohne die es für Christen keine neue ökumenische Würdigung der jüdischen Religion und der jüdischen Geschichte geben wird? Ich möchte einige mir wichtig erscheinende Elemente dieser Rückfrage kurz entfalten; sie enthalten übrigens ebenso viele Hinweise auf immer wieder auftauchende und deshalb *quasi konstitutionelle Gefahren* im Christentum und seiner Theologie.

1. Hat sich das Christentum im Verlauf der Geschichte, im abstrakten Unterschied zum Judentum, nicht zu sehr als rein „affirmative Religion" interpretiert, sozusagen als theologische *Siegerreligion* mit einem Überschuß an Antworten und einem entsprechenden Mangel an leidenschaftlichen Fragen? Wurde

in der Christologie die Hiobfrage nicht häufig zu sehr verdrängt oder herabgesetzt, so daß das Bild des Sohnes, der an Gott leidet und an dessen Ohnmacht in der Welt, mit allzu sieghaften Zügen ausgestattet wurde? Und gibt es deshalb nicht die Gefahr einer christologischen Engführung der Leidensgeschichte der Welt? Ich will das kurz mit einigen Sätzen aus dem Synodendokument „Unsere Hoffnung" erläutern: „Haben wir ... in der Geschichte unserer Kirche und des Christentums sein hoffnungsschaffendes Leid nicht zu sehr von der einen Leidensgeschichte der Menschheit abgehoben? Haben wir durch die ausschließliche Beziehung des christlichen Leidensgedankens auf sein Kreuz und auf uns, die ihm Nachfolgenden, nicht Zwischenräume in unserer Welt geschaffen, Zwischenräume des ungeschützten fremden Leidens? Sind wir Christen diesem Leiden gegenüber nicht oft in einer erschreckenden Weise fühllos und gleichgültig gewesen?" So als falle dieses Leiden gewissermaßen in den „rein profanen" Bereich, so als könnten wir uns diesem Leid gegenüber als die großen Sieger verstehen. So als hätte dieses Leid keine sühnende Kraft und als lebten wir nicht auch zu Lasten dieser Leiden. Wie anders ließe sich sonst schließlich jene Leidensgeschichte verstehen, die die Christen durch die Jahrhunderte dem jüdischen Volk bereitet oder vor dem sie es doch nicht bewahrt haben? Zeigte da unsere Einstellung nicht die typischen Züge der Apathie und Fühllosigkeit der Sieger?

2. Hat sich das Christentum, gerade im Vergleich mit der jüdischen Religion, nicht immer wieder seine eigene *messianische Schwäche* verborgen? Schlägt im

Christentum nicht immer wieder ein gefährlicher heilsgeschichtlicher Triumphalismus durch, den gerade die Juden in besonderer Weise zu spüren bekommen? Ist er aber die unvermeidliche Konsequenz aus dem Glauben der Christen an das in Christus endgültig verbürgte Heil? Haben nicht vielmehr auch die Christen noch etwas zu erwarten und zu befürchten – nicht nur für sich selbst, sondern für die Welt und die Geschichte im ganzen? Müssen nicht auch die Christen ihr Haupt erheben dem messianischen Tag des Herrn entgegen? Welchen intelligiblen Rang aber hat für christliche Theologen eigentlich die erzchristliche Lehre von der Erwartung des messianischen Tages des Herrn? Welche Bedeutung hat sie – nicht nur als (ohnehin meist ratlos oder verschämt behandelter) Inhalt christlicher Theologie, sondern als Prinzip theologischer Erkenntnis? Hätte sie eine (oder hätten Christen sie an Auschwitz neu entdeckt), dann würde sie als erstes verständlich machen, daß messianisches Vertrauen nicht identisch ist mit der unter Christen häufig herrschenden Sinneuphorie, die sie so unempfänglich macht gegenüber apokalyptischen Bedrohungen und Gefährdungen inmitten unserer Geschichte und die sie mit der Apathie der Sieger auf fremdes Leid reagieren läßt? Und sie würde christlicher Theologie vielleicht bewußter machen, wie sehr die apokalyptisch-messianische Weisheit des Judentums im Christentum gesperrt und verdrängt ist. Wenn für mich die Gefahr jüdischer Messianität darin besteht, daß sie alle Versöhnung für unsere Gegenwart immer wieder suspendiert, dann besteht für mich die Gefahr christlich verstandener Messianität darin, daß sie die in

Christus begründete Versöhnung zu sehr in unsere Gegenwart einschließt und dem jeweils gegenwärtigen Christentum nur allzugern ein Zeugnis seiner moralischen und politischen Unschuld ausstellt.

Wo sich das Christentum seine eigene messianische Schwäche sieghaft verbirgt, verkümmert in zunehmendem Maße auch das Sensorium für Gefahren und Untergänge. Die Theologie verliert das Organ für geschichtliche Unterbrechungen und Katastrophen. Hat sich unser christlicher Glaube an das in Christus verbürgte Heil nicht unter der Hand zu einer Art Sinnoptimismus verdinglicht, der radikale Unterbrechungen und Sinnkatastrophen gar nicht mehr so recht wahrzunehmen vermag? Gibt es nicht so etwas wie eine typisch christliche Verblüffungsfestigkeit im Angesichte solcher Katastrophen? Und gilt das nicht in besonderer Weise hinsichtlich des durchschnittlichen christlichen (und theologischen!) Verhaltens gegenüber Auschwitz?

3. Zeigt sich in der Geschichte unseres Christentums nicht ein *drastisches Defizit an politischer Widerstandsgeschichte* und ein Übermaß an politischer Anpassungsgeschichte? Hier liegt für mich eigentlich der entscheidende Punkt bei der Rückfrage der Christen und der Theologie nach sich selbst im Eingedenken von Auschwitz. In den geschichtlichen Anfängen des Christentums, davon war schon die Rede, wurden die Juden und Christen gemeinsam verfolgt. Die Verfolgung der Christen ging, wie wir wissen, bald zu Ende, die der Juden jedoch ging weiter und steigerte sich durch die Jahrhunderte ins Ungemessene. Gewiß gibt es für diesen unterschiedlichen geschichtlichen

Verlauf bei Christen und Juden vielfache Gründe, und nicht alle sind etwa kritisch gegen das Christentum zu wenden. Gleichwohl drängt sich mir bei dieser Beobachtung eine Rückfrage an unser Christentum und seine Theologie auf, die mich seit langem beunruhigt und die m. E. jede Theologie nach Auschwitz affizieren müßte: Hat das Christentum jenes messianische Heil, das Jesus verkündet hat, nicht zu strikt verinnerlicht und individualisiert? Und war es nicht gerade diese strikte Verinnerlichung und Individualisierung des messianischen Heilsgedankens, die das Christentum – von seinen paulinischen Anfängen her – immer eher als das Judentum in die Lage versetzte, sich mit den vorgegebenen politischen Verhältnissen zu arrangieren und sich mit den vorhandenen politischen Mächten mehr oder minder widerspruchslos zu vermitteln und zu versöhnen? Ist das Christentum vielleicht nur deshalb „besser daran", ist seine zweitausendjährige Geschichte vielleicht nur deswegen weniger als die der Juden eine Geschichte des Leidens, der Verfolgung und der Zerstreuung, weil mit ihm eben immer eher „ein Staat zu machen" war? Hatte aber Bismarck nicht etwas ganz Richtiges gesehen, wenn er sagte, mit der Bergpredigt sei „kein Staat zu machen"? Wäre es dann aber ein Vorzug, gar ein messianischer, wenn die Christen es offensichtlich immer besser als die Juden verstanden haben, ihr Heilsverständnis aufgrund strikter Verinnerlichung und Individualisierung den politischen Mächten anzugleichen? Wäre in der Geschichte des Christentums nicht eigentlich mit weit mehr Konflikten gegenüber den politischen Mächten zu rechnen gewesen – ähnlich der Leidens- und Verfolgungsgeschichte des jüdischen Volkes? Gibt es im Christentum nicht ein bestürzendes Defizit an politischer Widerstandsgeschichte und ein Übermaß an politischer Anpassungs- und Gehorsamsgeschichte? Und ist es schließlich nicht so, daß wir Christen an der Leidensgeschichte dieses jüdischen Volkes eher jenes konkrete Schicksal entdecken können, das Jesus den Seinen vorausgesagt hat, als an der tatsächlichen Geschichte unseres Christentums? Ich möchte als christlicher Theologe diese Frage, die mich gerade im Angesichte von Auschwitz beunruhigt, vor Ihnen nicht verschweigen. Sie ließ mich auch eine „*politische Theologie*" entwerfen und treiben, die mit ihrem (mehr an den Synoptikern als an paulinischen Traditionen orientierten) Programm der Entprivatisierung gerade diesen Gefahren einer strikten Verinnerlichung christlichen Heils, also der Gefahr einer unkritischen Versöhnung des Christentums mit vorgegebenen politischen Mächten entgegenarbeiten will. Nach Auffassung dieser Theologie ist es gerade die strikt unpolitische Interpretation des Christentums, die undialektische Verinnerlichung und Individualisierung seiner Inhalte, die immer wieder zu einer unkritischen, gewissermaßen nachträglichen Politisierung des Christentums geführt haben. Das Christentum der Nachfolge muß aber nicht nachträglich – durch Kopierung oder Imitierung bereits anderweitig vorhandener politischer Handlungsmuster und Machtkonstellationen – politisiert werden; es ist in sich selbst als messianische Praxis der Nachfolge politisch – es ist mystisch und politisch zugleich! Und es führt uns in eine Verantwortung nicht nur für das, was wir tun oder nicht tun, sondern auch für das, was wir zulassen, daß es anderen – in unserer Gegenwart, vor unseren Augen – geschehe.

4. Verbirgt sich das Christentum nicht zu sehr den *praktischen Kern* seiner Botschaft? Immer wieder hört man, die jüdische Religion sei primär praxisorientiert und weniger an der Einheit der Lehre interessiert, das Christentum hingegen sei primär Glaubenslehre, und aus dieser Differenz ergäbe sich eine beträchtliche Schwierigkeit für die jüdisch-christliche Ökumene. *Doch auch das Christentum ist nicht in erster Linie eine Doktrin, die es möglichst „rein" zu halten gilt, sondern eine Praxis, die es radikaler zu leben gilt!* Diese messianische Praxis der Nachfolge, der Umkehr, der Liebe und des Leidens kommt nicht nachträglich zum christlichen Glauben hinzu, sie ist realer Ausdruck dieses Glaubens. Schließlich muß gerade auch der christliche Glaube so geglaubt werden, daß er nie bloß geglaubt, sondern – in der messianischen Praxis der Nachfolge – getan wird. Nun gibt es freilich ein Christentum des nur geglaubten Glaubens, ein Überbau-Christentum zu unseren eigenen Interessen, *ein Christentum als bürgerliche Religion:* ein Christentum, das nicht nachfolgt, sondern an die Nachfolge glaubt und unter dem Deckmantel der geglaubten Nachfolge die eigenen Wege geht; ein Christentum, das nicht mitleidet, sondern an das Mitleiden glaubt und unter dem Deckmantel des geglaubten Mitleidens jene Apathie pflegt, die uns Christen schließlich auch so unangefochten mit dem Rücken zu Auschwitz weiterglauben, weiterbeten ließ und die uns, um ein Wort Bonhoeffers

aufzugreifen, in der Zeit der Judenverfolgung gregorianisch singen ließ, ohne daß wir gleichzeitig für die Juden geschrien hätten. *Hier*, in diesem Zerfall der messianischen Religion zur rein bürgerlichen Religion, liegt für mich eine der entscheidenden Wurzeln im gegenwärtigen Christentum für das christliche Versagen in der Judenfrage und schließlich auch dafür, daß wir Christen, aufs ganze gesehen, unfähig blieben, wirklich zu trauern und wirklich zu büßen, und daß unsere Kirchen auch nicht der großen gesellschaftlichen Schuldverdrängung in den Jahren nach dem letzten Krieg widerstanden haben.

Vermutlich gibt es noch andere wichtige christlich-theologische Rückfragen im Eingedenken von Auschwitz, von denen her sich ein Weg eröffnet zu einer Ökumene zwischen Christen und Juden. Gewiß müßten nun auch im einzelnen die Wurzeln des Antisemitismus im Christentum selbst, in seiner Lehre und seiner Praxis, aufgedeckt werden. Hier spielt m. E. immer wieder jenes Verhältnis der „heilsgeschichtlichen Substitution" eine Rolle, in dem sich die Christen den Juden gegenüber sahen und das dazu geführt hat, daß die Juden weder als Partner noch als Gegner – auch Gegner haben ein Antlitz! – wirklich angenommen, sondern daß sie zu einer überholten heilsgeschichtlichen Voraussetzung vergegenständlicht wurden. Doch kann diese formelle innerchristliche Antisemitismusforschung hier nicht geschehen; sie überstiege bei weitem den hier gesteckten Rahmen. Noch weniger kann ich hier auf die Wurzeln des Antisemitismus in jenen deutschen Philosophien des 19. Jahrhunderts eingehen, die ihrerseits wieder die theologische Gedanken- und Kategorienwelt unseres Jahrhunderts nachhaltig geprägt haben.

Was christliche Theologen für die Ermordeten von Auschwitz und damit auch für eine künftige christlich-jüdische Ökumene „tun" können, ist in jedem Falle dies: *keine Theologie mehr zu treiben, die so angelegt ist, daß sie von Auschwitz unberührt bleibt bzw. unberührt bleiben könnte.* In diesem Sinne gebe ich meinen Studenten ein scheinbar sehr einfaches, aber eigentlich höchst anspruchsvolles Kriterium zur Beurteilung der theologischen Szene an die Hand: Fragt euch, ob die Theologie, die ihr kennenlernt, so ist, daß sie vor und nach Auschwitz eigentlich die gleiche sein könnte. Wenn ja, dann seid auf der Hut!

5. Revisionen

Die Frage, ob wir zwischen Christen und Juden zu einer Ökumene gelangen, in deren Anerkennung die Juden sich nicht selbst verleugnen müssen, entscheidet sich letztlich daran, ob dieser ökumenische Schritt auch *kirchlich* und *gesellschaftlich* gelingt. Theologische Versöhnungsarbeit bleibt, wenn sie sich nicht kirchlich und gesellschaftlich einwurzeln läßt, wenn sie also nicht die Seele des Volkes berührt, allenthalben ein Oberflächenphänomen. Ob und wie bei uns diese Einwurzelung gelingt, hängt m. E. nochmals an der Art, wie sich gerade unsere Kirchen – in ihren Autoritäten und an ihrer Basis – zu Auschwitz verhalten.

Was denn geschieht in unseren Kirchen? Drohen die „Wochen der Brüderlichkeit" nicht allmählich zu einer Farce zu werden? Belegen sie nicht weit mehr die Isolation als die Bruderschaft? Wer kümmert sich um die neu aufkeimenden Verfolgungsängste der Juden unter uns? Die katholische Kirche in der Bundesrepublik hat sich in ihrem Synodenbeschluß „Unsere Hoffnung" für ein neues Verhältnis zur Glaubensgeschichte des jüdischen Volkes ausgesprochen und sich zu einer besonderen Aufgabe und Sendung in diesem Zusammenhang bekannt. Die Entstehungsgeschichte dieses Textabschnittes der Synode könnte belegen, wie auch hier, in der verabschiedeten Endfassung, Beschwichtigungs- und Entschuldigungstendenzen durchschlugen. Immerhin, nähme man ihn auch nur in dieser Beschlußform wirklich ernst! „Wir waren in dieser Zeit des Nationalsozialismus, trotz beispielhaften Verhaltens einzelner Personen und Gruppen, aufs ganze gesehen doch eine kirchliche Gemeinschaft, die zu sehr mit dem Rücken zum Schicksal dieses verfolgten jüdischen Volkes weiterlebte, deren Blick sich zu stark von der Bedrohung ihrer eigenen Institutionen fixieren ließ und die zu den an Juden und Judentum verübten Verbrechen geschwiegen hat."

Hat jedoch inzwischen nicht längst das große Vergessen eingesetzt? Die Toten von Auschwitz hätten eigentlich alles verändern müssen; nichts mehr hätte so sein dürfen wie vorher, in unserem Volk nicht, in unseren Kirchen nicht. Vor allem in den Kirchen nicht. Wenigstens sie hätten die seelische Katastrophe wahrnehmen müssen, die Auschwitz bedeutete und die weder unser Volk noch unsere Kirchen unbeschädigt ließ. Doch wohin sind wir als Christen und

Bürger in diesem Land geraten? Nicht nur, daß alles so kam, als wäre Auschwitz eben doch nur ein Betriebsunfall gewesen, wenn auch ein bedauerlicher; es gibt bereits Anzeichen dafür, daß man bei uns schon wieder beginnt, die Ursachen für das Grauen von Auschwitz nicht nur bei den Mördern und Verfolgern, sondern auch bei den Opfern und Verfolgten selbst zu suchen. Wie lange sollen wir denn noch die Büßerhemden tragen, fragen vor allem jene, die sie vermutlich nie angehabt haben. Und wem kommt schon in den Sinn, die Opfer selbst zu fragen, wie lange wir denn zu büßen hätten und ob es hier überhaupt so etwas wie eine „*Verjährung*" geben könne. Der Wille zur Verjährung in dieser Frage ist in meinen Augen weniger der Ausdruck für einen christlich motivierten Vergebungswillen (*wir* haben da ja auch kaum zu vergeben!) als vielmehr der Versuch unserer Gesellschaft und unseres Christentums (!), sich – endlich – selbst freizusprechen und über dem Abgrund des Grauens – endlich – „reinen Tisch" zu machen.

Angesichts dieser Situation wird deutlich: die Begründung für ein neues Verhältnis der Christen zu den Juden im Eingedenken von Auschwitz darf nicht bei der Erzeugung eines diffusen Versöhnungsgefühls stehenbleiben, nicht bei einer ebenso wohlfeilen wie folgenlosen christlichen Judenfreundlichkeit (die ja nicht selten Anzeichen für eine unbewältigte Judenfeindlichkeit ist). Sie muß auf eine praktische Revision unseres Bewußtseins zielen.

So zum Beispiel darf das gesuchte neue dialogische Verhältnis, soll es wirklich gelingen, nicht ein Dialog der theologischen und kirchlichen Profis bleiben.

Diese Ökumene müßte sich gerade im Volk einwurzeln, in der Pädagogik des Alltags, in der Verkündigung des Sonntags, in Kirchengemeinden, Familien, Schulen und anderen Basisinstitutionen. Neue Traditionen werden bekanntlich nicht in Oberseminaren und Akademien gestiftet, auch nicht in gelegentlichen Feierstunden. Sie werden nur entstehen, wenn sie in einem beharrlichen Bildungsprozeß die Seelen der Menschen berühren, wenn sie zum Milieu der Seele werden. Was aber geschieht hier in unseren Kirchen und Schulen tatsächlich? Nicht zuletzt auch in den Kirchen und Schulen auf dem Lande, auf dem sog. christlichen Lande –? Gewiß hat der Antisemitismus auf dem Lande unterschiedliche Ursachen; aber nicht zuletzt auch solche, die mit der religiösen Erziehung zusammenhängen. In meiner ländlichen Heimat, in einem typisch katholischen Milieu, blieben „die Juden" auch nach dem Kriege eine augenlose Größe, ein vages Klischee; Anschauungen für „die Juden" holte man sich am ehesten aus – Oberammergau.

Es gibt Historiker, die die Auffassung vertreten, im deutschen Volk der Nazizeit habe es auch nicht wesentlich mehr Antisemitismus gegeben als in manchen anderen Ländern Europas. Ich persönlich bezweifle das, aber wenn es stimmen sollte, erweckte das eine um so ungeheuerlichere Vermutung, wie sie einer dieser Historiker auch schon vor Jahren formuliert hat: Sollten die Deutschen die äußerste Konsequenz des Antisemitismus: die Ausrottung der Juden, nur deswegen gezogen haben, weil sie – *befohlen* war, also aus nackter Autoritätshörigkeit? Wie immer der Zusammenhang im einzelnen war, liegt hier, das ist oft genug schon festgestellt worden, eine „typisch deutsche Gefahr". Und deshalb ist, gerade auch im Blick auf unsere Frage, nichts wichtiger als eine sowohl gesellschaftlich wie kirchlich energisch gestützte Erziehung zu kritischem Gehorsam und kritischer Solidarität, gegen Konfliktscheu und erfolgreiches Jasagertum, gegen Opportunismus und Mitläufertum. Ich zitiere in diesem Zusammenhang, ohne weitere Argumentation, aus den Gedanken einer jungen Jüdin, die als Lehrerin in der Bundesrepublik tätig war, zur Woche der Brüderlichkeit: „Zwei Worte habe ich in der Schule gelernt, von denen ich nicht im entferntesten ahnte, welche Bedeutung sie haben. Das eine Wort ist ‚formaljuristisch‘ und das andere ‚Rechtsunsicherheit‘. Jedes Geschehen in der Schule, und ich nehme an, auch jeder anderen Institution, muß formaljuristisch abgesichert sein, auch wenn es zu unsinnigem Verhalten kommt... Wohin ich auch blicke, ich sehe nur vorbildliche Demokraten, die wortgetreu, frei von jeder Vernunft und Gefühl Gesetze, Anweisungen, Verordnungen, Vorschriften, Richtlinien und Erlasse befolgen. Die wenigen, die sich dagegen auflehnen, die ein wenig Individualismus und Zivilcourage zeigen, werden systematisch verschüchtert und verängstigt... Das ist der Grund, warum ich mich mit Deutschen nicht verbrüdere, warum ich die Woche der Brüderlichkeit ablehne und mir die Seele kocht bei dem Geschwätz von den lieben jüdischen Mitbrüdern; diejenigen, die heute großartig von Toleranz reden, würden wiederum funktionieren wie Maschinen, denen man ein neues Programm eingegeben hat!"

Zu Beginn hatte ich davon gesprochen, daß Auschwitz von uns nur moralisch erinnert werden könne, nicht „rein historisch". Diese moralische Erinnerung der Judenverfolgung berührt schließlich auch das Verhältnis der Menschen dieses Landes zum *Staate* Israel. *Wir* haben da keine Wahl (und darauf bestehe ich auch gegenüber meinen linken Freunden). *Wir* müßten jedenfalls die letzten sein, die den Juden, nachdem sie in der jüngsten Geschichte unseres Landes an den Rand der totalen Vernichtung gebracht wurden, nun ein übertriebenes Sicherungsbedürfnis vorwerfen; und *wir* müßten die ersten sein, die der Versicherung der Juden Glauben schenken, daß sie ihren Staat nicht aus zionistischem Imperialismus, sondern als „Haus gegen den Tod", als letzte Zufluchtsstätte eines durch die Jahrhunderte verfolgten Volkes verteidigen.

6. Ökumene in messianischer Perspektive

Die hier erörterte Ökumene zwischen Juden und Christen im Eingedenken von Auschwitz führt keineswegs an den Rand der innerchristlichen Ökumene, sondern in ihr Zentrum. Schließlich wird – dies ist meine feste Überzeugung – die Ökumene unter den Christen nicht voran und schon gar nicht zu einem guten Ende kommen, wenn sie nicht endlich die biblisch-messianischen Proportionen der Ökumene überhaupt zurückgewinnt, d. h., wenn sie nicht den vergessenen und verdrängten Partner von Anbeginn, das jüdische Volk und seine messianische Religion, erkennt und anerkennt. So verstehe ich die Mahnung

Karl Barths in seinem „Ökumenischen Testament"
von 1966: „Wir wollen nicht vergessen, daß es
schließlich nur eine tatsächlich große ökumenische
Frage gibt: unsere Beziehung zum Judentum." Wir
werden als Christen untereinander nur zusammen-
kommen, wenn wir gemeinsam ein neues Verhältnis
zum jüdischen Volk und seiner Religion gewinnen,
nicht an Auschwitz vorbei, sondern als die Gestalt
von Christentum, die uns nach Auschwitz allein vergönnt und freilich auch zugemutet ist. Denn, ich wiederhole: Wir Christen kommen niemals wieder hinter
Auschwitz zurück; über Auschwitz hinaus aber kommen wir, genau gesehen, nicht mehr allein, sondern
nur noch zusammen mit den Opfern.

Und so könnte es eines Tages, vorsichtig sei es angedeutet, zu einer Art *Koalition des messianischen
Vertrauens* zwischen Juden und Christen gegenüber
der Apotheose der Banalität und des Hasses in unserer
Welt kommen. Schließlich sollte ja die Erinnerung
an Auschwitz gemeinsam unsere Sinne schärfen für
gegenwärtige Vernichtungsvorgänge in Ländern, in denen an der Oberfläche „Ruhe und Ordnung" herrscht
wie einst in Deutschland zur Nazizeit.